# Histoire des Vampires

Collin de Plancy

Paris, 1820

© 2024, Jacques Albin Simon Collin de Plancy (domaine public)
Édition : BoD · Books on Demand, 31 avenue Saint-Rémy,
57600 Forbach, bod@bod.fr
Impression : Libri Plureos GmbH, Friedensallee 273,
22763 Hamburg (Allemagne)
ISBN : 978-2-3225-2433-4
Dépôt légal : Mars 2025

# HISTOIRE
# DES VAMPIRES

## ET

## DES SPECTRES MALFAISANS

AVEC UN EXAMEN DU VAMPIRISME.

---

## À PARIS,

CHEZ MASSON, LIBRAIRE,
QUAI DES AUGUSTINS, n° 19.
1820.

## TABLE
### DE L'HISTOIRE DES VAMPIRES.

---

Préface

## PREMIÈRE PARTIE.
### DES VAMPIRES ANCIENS.

Chapitre I$^{er}$. — Introduction. — De ce qu'on entend par un Vampire

C̲h̲a̲p̲i̲t̲r̲e̲ II. — Des apparitions chez les peuples anciens
C̲h̲a̲p̲i̲t̲r̲e̲ III. — Des repas funèbres et des terreurs qu'il produisent
C̲h̲a̲p̲i̲t̲r̲e̲ IV. — Des spectres malfaisans — De l'Empuse, ou démon de midi. — Histoire d'un fantôme du diocèse de Mayence, et d'un revenant du Pérou
C̲h̲a̲p̲i̲t̲r̲e̲ V. — Des spectres qui annoncent la mort. — Aventures de Dion, de Brutus, de Cassius, de Drusus, de l'empereur Tacite, d'Alexandre III. Mélusine et quelques autres fantômes. — Histoire singulière d'un gentilhomme Espagnol
C̲h̲a̲p̲i̲t̲r̲e̲ VI. — Des spectres et démons qui donnent la mort. — Spectres de Néocésarée, de l'Égypte, de Constantinople. — Opinion des Musulmans sur la même matière. — De quelques personnes tuées par le diable. — Histoire de l'esprit d'Hildesheim
C̲h̲a̲p̲i̲t̲r̲e̲ VII. — Des incubes et des succubes. — Histoire de Pierron, — de Boucher, — de Thibaut de la Jacquière. — Aventure de la fille d'un prêtre de Bonn. — Aventure d'une jeune Anglaise. — Le Cauchemar, ou démon dépuceleur
C̲h̲a̲p̲i̲t̲r̲e̲ VIII. — Amours de Machatès et du spectre de Philinnion. — Histoire analogue d'une ressuscitée de la rue Saint-Honoré
C̲h̲a̲p̲i̲t̲r̲e̲ IX. — Des loups-garoux et hommes-loups qui mangeaient des enfans et qui buvaient du sang humain.
C̲h̲a̲p̲i̲t̲r̲e̲ X. — Des Lémures. — Des Lamies. — Gello, Gilo. — Eurynome. — Des Stryges.
C̲h̲a̲p̲i̲t̲r̲e̲ XI. — Histoire du Vampire Polycrite.

## SECONDE PARTIE.
### VAMPIRES PLUS RÉCENS.

C̲h̲a̲p̲i̲t̲r̲e̲ I$^{er}$. — Des excommuniés que la terre rejette de son sein. — Des morts qui ont montré du sentiment, etc.
C̲h̲a̲p̲i̲t̲r̲e̲ II. — Des Broucolaques ou Vampires excommuniés. — Histoire d'un Vampire de Candie. — Autre Vampire de même sorte en Angleterre. — Des morts qui mâchent dans leurs tombeaux, etc.

CHAPITRE III. — Du Vampirisme chez les Arabes. — Histoire d'une Vampire de Bagdad.

CHAPITRE IV. — Histoire d'un Vampire qui se laissa percer d'un coup de lance. — De quelques esprits ou spectres pareillement vulnérables.

CHAPITRE V. — Histoire prodigieuse d'un gentilhomme auquel le diable est apparu, et avec lequel il a conversé et couché, sous le corps d'une femme morte, advenue à Paris, le 1$^{er}$ janvier 1613. Extrait de la seconde édition. — Autres anecdotes du même genre.

CHAPITRE VI. — Des Vampires de Russie et de Pologne, et de la manière dont on procédait contre eux.

CHAPITRE VII. — Des Vampires moraves, etc. — Histoire d'une femme Vampire. — Histoire du fameux Vampire de Blow. — Histoire du Vampire Pierre Plogojowits.

CHAPITRE VIII. — Histoire d'un autre Vampire de Kisilova. — Apparitions du Vampire Arnold-Paul. — Mort de Stanoska, sucée par un jeune Vampire, etc.

CHAPITRE IX. — Histoire de trois Vampires de Hongrie.

CHAPITRE X. — Exhumation et aventures d'un Broucolaque ou Vampire de l'île de Mycone.

CHAPITRE XI. — Histoire d'un Vampire de Moldavie. — Anecdote singulière rapportée par Torquemada.

## TROISIÈME PARTIE.
### EXAMEN DU VAMPIRISME.

CHAPITRE I$^{er}$. — Procédures contre les Vampires. — État et indices du Vampirisme.

CHAPITRE II. — Le Vampirisme enfanté par l'imagination et la peur. — Anecdotes sur les funestes effets de l'imagination effrayée.

CHAPITRE III. — De quelques causes physiques qui ont pu favoriser le Vampirisme.

CHAPITRE IV. — Des effets de la lune sur les Vampires.

CHAPITRE V. — Des résurrections miraculeuses et naturelles. — Histoire d'un mort ressuscité par S. Stanislas. — Anecdotes diverses de personnes ressuscitées.

CHAPITRE VI. — Suite du même sujet.

CHAPITRE VII. — De ce qu'il faut croire des Vampires. — Conclusion.

ARTICLE de Voltaire sur les Vampires, tiré du Dictionnaire philosophique.

De quelques nouveautés sur les Vampires, etc.

Ce livre, paru sans nom d'auteur, a toujours été attribué, en raison de son genre et de son style, à Collin de Plancy, sans guère de doute possible. (*Note Wikisource*)

# PRÉFACE.

Dans ce 19ᵉ siècle, si grand, si éclairé, si remarquable par ses lumières, on aurait pu croire que les Vampires ne seraient regardés que comme une monstruosité indigne d'un seul moment d'attention : lorsqu'on rit de pitié au récit des effroyables histoires des loups-garoux, des sorciers, des revenans et des spectres, devait-on penser que la France s'occuperait des *Vampires*, de ces morts qui sortent *en corps et en âme* de leur cercueil pour venir sucer les personnes vivantes, leur donner la mort, et s'engraisser de leur sang !

Voltaire s'étonnait que les Vampires eussent osé paraître en 1730 : que dirait-il s'il les voyait revenir aujourd'hui effrayer les jeunes gens, troubler les sens de nos dames, et déranger les cerveaux mal affermis ?

Lorsque d'imprudens écrivains, sous prétexte d'éveiller des sensations fortes dans les âmes blasées, égarent les imaginations par les épouvantables aventures des Vampires, sans songer à détruire par un antidote satisfaisant le mal que peuvent causer leurs romans hideux, les amis de la sagesse applaudiront peut-être aux efforts qu'on a faits ici pour donner au lecteur une idée précise des Vampires, des qualités monstrueuses que la superstition leur attribue, des atrocités qu'on leur reproche. On pense surtout que le lecteur ne sera pas fâché de trouver à la suite de l'*Histoire des Vampires* un examen des causes qui ont pu faire croire à l'existence de ces spectres, et qui peuvent montrer aujourd'hui quel cas on en doit faire.

On a observé avant nous que la croyance aux Vampires est une abomination anti-religieuse, qui outrage la divinité et la morale éternelle. Comment Dieu, qui est essentiellement bon, juste, sage, puissant, permettrait-il à des morts de sortir de leur tombe en chair et en os (ce qui ne doit avoir lieu qu'à la grande résurrection, pour le jugement dernier), de venir sucer, étouffer, tuer en peu d'instans des personnes étrangères, des êtres innocens, de jeunes filles, des fiancées ?... où a-t-on puisé cette doctrine exécrable ? Si le vampirisme avait quelque fondement, il faudrait croire que Dieu n'a plus de puissance, et que Satan gouverne désormais ce malheureux monde sublunaire.

Des prêtres cependant ont favorisé la croyance aux Vampires et aux spectres malfaisans : ils avaient déjà imaginé les revenans qui demandent des prières : l'égoïsme et l'intérêt expliquent toutes ces scélératesses : la terreur est un moyen nécessaire pour ceux qui ne savent pas conduire les hommes par la raison.

On a cru qu'en publiant cette histoire on contribuerait encore à déraciner ces noires superstitions que tant de sages esprits s'appliquent à combattre. On l'a fait sans y attacher de gloire : d'ailleurs ce livre n'est, comme on dit, qu'*une compilation*. On a profité des savants dissertations de D. Calmet sur les apparitions, les revenans et les Vampires ; et ceux qui ont un peu lu remarqueront qu'on a fait entrer ici tout ce qu'il y avait de remarquable dans les deux volumes du vertueux bénédictin. Mais on a eu soin de remonter aux sources qu'il avait indiquées, et souvent on a découvert des passages que sa position et sa robe lui défendaient de rapporter, et que les lecteurs actuels ne regretteront pas de connaître.

Du reste, outre une foule de traits et d'aperçus nouveaux, on a donné aux recherches confuses de D. Calmet un ordre méthodique ; on en a tiré des conséquences plus précises, et l'on espère en quelque sorte avoir fait un ouvrage *nouveau*.

On observera sans doute encore que ce travail, tout imparfait qu'il est, a nécessité de longues recherches et quelque constance.

# PREMIÈRE PARTIE.

## DES VAMPIRES ANCIENS.

# CHAPITRE PREMIER.

*Introduction. — De ce qu'on entend par un Vampire.*

---

Ce qu'il y a de plus étonnant dans l'histoire des Vampires, c'est qu'ils ont partagé avec nos grands philosophes l'honneur d'étonner le 18$^e$ siècle ; c'est qu'ils ont épouvanté la Lorraine, la Prusse, la Silésie, la Pologne, la Moravie, l'Autriche, la Russie, la Bohême et tout le nord de l'Europe, pendant que les sages de l'Angleterre et de la France renversaient d'une main hardie et sûre les superstitions et les erreurs populaires.

Chaque siècle, il est vrai, a eu ses modes ; chaque pays, comme l'observe D. Calmet, a eu ses préventions et ses maladies ; mais les Vampires n'ont point paru avec tout leur éclat dans les siècles barbares et chez des peuples sauvages ; ils se sont montrés au siècle des Diderot et des Voltaire, dans l'Europe, qui se dit civilisée.

Et tandis que ces spectres désolaient le Nord, le Midi exorcisait les possédés ; l'Espagne et l'Italie condamnaient des sorciers ; Paris assistait aux convulsions du cimetière Saint-Médard.

On a donné le nom d'*upiers, oupires,* et plus généralement *vampires*, à « des hommes morts depuis plusieurs années, ou du moins depuis plusieurs mois, qui revenaient *en corps et en âme*, parlaient, marchaient, infestaient les villages, maltraitaient les hommes et les animaux, suçaient le sang de leurs proches, les épuisaient et enfin leur causaient la mort[1]. On ne se délivrait de leurs dangereuses visites et de leurs infestations qu'en les exhumant, les empalant, leur coupant la tête, leur arrachant le cœur ou les brûlant. — Ceux qui mouraient sucés devenaient Vampires à leur tour. »

Le petit nombre de savans qui jusqu'ici ont écrit sur les Vampires soutiennent que l'antiquité n'a eu aucune connaissance de ces sortes de spectres. Il n'est peut être pas impossible de prouver que les anciens avaient aussi leurs Vampires ; et c'est ce que nous allons essayer avant de passer aux aventures toutes récentes.

Nous parlerons dans cette première partie des différens Vampires qui ont pu se montrer jusque vers le 12$^e$ siècle. La seconde partie suivra ces mêmes spectres jusqu'aux jours de leur lustre et jusqu'à la décadence du Vampirisme au milieu du dernier siècle.

1. ↑ C'est la définition qu'en donne D. Calmet.

# CHAPITRE II.

*Des Apparitions chez les peuples anciens.*

---

Un Vampire est un mort qui sort du tombeau, un revenant matériel qui apparaît, qui tourmente, qui annonce la mort, qui la donne, et contre qui il faut procéder.

Il n'est pas besoin de dire que les apparitions ont été des objets sacrés de croyance chez toutes les nations anciennes. Dans l'enfance des peuples, c'est à dire à toutes les époques d'ignorance et de barbarie, les hommes vivant isolés ont eu des terreurs et aussitôt des superstitions.

Ils trouvaient dans leurs cœurs la certitude de l'existence d'un Dieu ; mais le sentiment du libre arbitre (qui ne peut exister si le monde n'est mêlé de biens et de maux, de vices et de vertus) était d'une métaphysique trop profonde pour frapper des âmes grossières. Ils imaginèrent un génie méchant qui présidait à tous les maux de la terre, et qui était en continuelle opposition avec Dieu, auteur du bien, créateur et conservateur de la nature ; ils donnèrent à ce mauvais génie des esprits subalternes, exécuteurs de ses ordres. Ces esprits envoyaient les tempêtes, les météores, les orages ; mais ils ne se montraient que la nuit, parce qu'ils redoutaient Dieu, beaucoup plus puissant qu'eux. Les habitans des côtes de la Bretagne, qui peuvent encore nous donner une idée des peuples enfans, conservent toutes ces opinions. Chez eux l'*homme rouge* parcourt la nuit les bords de la mer, et y précipite l'imprudent qui ose affronter son approche ; le *fantôme volant* déracine les arbres, renverse les chaumières. Mille spectres semblables sèment l'effroi autour des cabanes. Au murmure des vents, au bruit lointain des vagues agitées, le paysan breton mêle, dans son esprit troublé, les cris d'un malheureux que les démons étouffent ou qu'ils entraînent au sein des flots. Il est probable que tous les peuples anciens eurent des idées pareilles.

Or lorsqu'un individu égaré périssait sous la main des brigands, ou sous les coups de la tempête, ou par tout autre accident, on publiait qu'un mauvais génie l'avait tué. On inventa même des *anges de la mort*, des démons, qui venaient prendre et emporter l'être qui partait de ce monde. On ne croyait donc pas que la mort fût un anéantissement total : on savait déjà que l'âme survit à sa dépouille ; de là au système des revenans il n'y eut qu'un pas. L'âme qui avait été arrachée à de tendres affections venait gémir autour des lieux qu'elle avait chéris. L'ombre du méchant venait effrayer ses ennemis, les tourmenter, leur annoncer la mort.

Lorsque la sorcière d'Endor fait paraître Samuël devant Saül le fantôme dit au roi : *Demain toi et tes fils vous viendrez me rejoindre*. Il est certain qu'alors la foi aux apparitions était répandue chez les Juifs, puisque Saül demande une femme qui sache évoquer les *esprits* ou *revenans*.

Anchise se montre à son fils dans l'Enéide ; Romulus apparaît après sa mort ; il y a des apparitions dans Homère et dans tous les monumens anciens ; et sans doute parmi les spectres d'alors il y avait déjà des *Vampires*, puisqu'on leur offrait du sang. Lorsqu'Ulysse évoque l'ombre de sa mère, il lui fait boire du *sang de bélier noir* ; et toutes les autres ombres sont si avides de ce régal qu'il est obligé de les éloigner avec violence pour laisser à Anticlée tous les plaisirs du festin.

# CHAPITRE III.

*Des Repas funèbres et des Terreurs superstitieuses qu'ils produisirent*[1].

---

« C'ÉTAIT jadis une cérémonie bien solennelle, bien auguste aux yeux des peuples idolâtres que l'usage où ils étaient d'offrir de somptueux repas aux dieux des enfers. La superstition, qui va toujours croissant quand elle s'est une fois introduite, inspira bientôt à ces mêmes peuples de rendre aux mânes des morts les mêmes honneurs qu'on avait rendus jusqu'alors à la cour infernale. On offrit des *festins* aux cadavres pour apaiser leurs âmes.

» L'appareil de ces festins, le silence profond qui y régnait, l'obscurité du lieu où se faisait cette cérémonie, les spectacles des tombeaux, des ossemens, des crânes, des corps à demi consumés qu'on y voyait à la pâle lueur des torches funéraires, l'abattement, la consternation des convives, qui tendaient les bras au cadavre, et l'invitaient à venir *prendre part* au festin, quels objets plus capables d'épouvanter la multitude ! Aussi regarda-t-on comme un des plus sacrés devoirs de la *religion* l'usage et la solennité de ces fêtes nocturnes. Comment cette cérémonie s'est-elle communiquée à toutes les nations ?

» En Égypte, où l'on avait tant de respect pour les morts, où les tombeaux inspiraient tant de vénération, l'usage des repas funèbres et nocturnes était fidèlement observé : c'était par là que les Égyptiens terminaient la solennité des enterremens.

» À Rome également les funérailles étaient toujours suivies d'un repas taciturne, que l'héritier donnait aux parens et aux amis du mort dans le lieu même où reposaient ses cendres.

» Jadis dans la Courlande et dans la Semi-Galle, aussitôt qu'un citoyen avait rendu le dernier soupir, on le parait de ses plus beaux habits, on mettait dans ses mains ou à côté de lui une *somme d'argent,* fixée par la coutume, et *quelques alimens* ; on l'enfermait dans un cercueil, et on le portait au tombeau, qui était toujours loin des villes, dans un champ ou dans une forêt. Là on découvrait le cercueil, et l'on offrait à manger au cadavre. Pour l'engager à prendre de la nourriture les conducteurs du convoi funéraire mangeaient, et régalaient tous ceux qui avaient été invités : c'eût été une indécence que de boire sans saluer le défunt et sans *l'inviter* à en faire autant.

» Dans les premiers temps on n'offrait aux âmes que du miel, du lait, des œufs, du pain et du vin ; mais quand les mœurs devinrent plus féroces, on crut que les âmes des morts trouveraient plus de plaisir à boire du sang qu'à manger des légumes. Cette folle et cruelle idée fit que d'abord on répandit sur la tombe le sang des animaux, et bientôt le sang humain. Les femmes, les concubines, les esclaves, les captifs qui avaient appartenu à ceux dont on voulait honorer la mémoire, expirèrent sous les couteaux des sacrificateurs : c'était au milieu de ces affreuses hécatombes, au bruit des gémissemens des victimes, et sur leurs membres palpitans que les amis du mort faisaient les repas funéraires ; c'était alors qu'animés par le vin et par l'horreur du spectacle, ils *appelaient* le mort ; c'était alors que, croyant voir son âme sous la forme d'un *spectre hideux*, d'un *fantôme effroyable*, ils lui disaient d'un ton lugubre et mal assuré : » Spectre ! tu t'es levé de ton tombeau ; est-ce pour venir avec nous, pour boire et manger comme nous ? »

» Quand ce festin barbare était fini, qu'on croyait l'ombre satisfaite, qu'il n'y avait plus de malheureux à immoler, et que les convives peut-être sentaient au fond du cœur le tourment du remords, ils quittaient brusquement la table, et *conjuraient le fantôme*, que leur imagination échauffée leur montrait comme s'il eût été présent, de se retirer, et surtout de ne pas *nuire* à ses amis…

» Ces mêmes cruautés, ces mêmes cérémonies étaient religieusement observées par les sauvages de l'Amérique. Encore dans quelques contrées de la Louisiane, aussitôt qu'une femme *noble*, c'est-à-dire de la race du soleil, est morte, on étrangle sur sa tombe douze petits enfans et quatorze grandes personnes pour être enterrés avec elle ; et la même superstition qui a fait immoler ces victimes les change en autant de *fantômes*, que les sauvages de la peuplade croient voir toutes les nuits *errer* autour des tombeaux, et *porter l'épouvante* dans les cabanes comme les Vampires.

» En donnant ainsi des repas et du sang aux morts, on pensait que les âmes en étaient reconnaissantes ; que leurs fantômes protégeaient ceux qui les honoraient ainsi, tandis qu'ils *s'attachaient* à poursuivre et à tourmenter ceux qui les négligeaient, ceux dont ils voulaient se venger, ceux qu'ils avaient quelque raison de haïr…

» Quelle folie autorisait ces fables ? L'avarice des prêtres, qui régnaient par la crainte, sur la superstition ; leur orgueil, qui était intéressé à laisser végéter le peuple dans la terreur et l'ignorance. »

1. ↑ Tiré de l'*Essai sur les Erreurs et les Superstitions*. Amsterdam, 1765. Chap. X.

# CHAPITRE IV.

*Des spectres malfaisans. — De l'Empuse ou Démon de midi. — Histoire d'un Fantôme du diocèse de Mayence, et d'un Revenant du Pérou.*

---

Les peuples ignorans ont toujours redouté des esprits malins et des fantômes portés à nuire. Debonnair dit, dans son histoire de France, que quand les Huns vinrent attaquer Chérebert ou Caribert, notre huitième roi, ces barbares amenèrent avec eux un renfort redoutable, composé des *spectres* de leurs ancêtres, contre qui les Français furent obligés de se battre. Une vieille chronique ajoute que ces spectres, dans le combat, prenaient les vivans à la gorge, et les étouffaient. Cependant les Français remportèrent la victoire.

Pendant que Charles-le-Chauve assiégeait Angers, des *esprits malins*, sous des formes de sauterelles de la grosseur du pouce, assaillirent l'armée française : on ne se débarrassa de ces ennemis d'un nouveau genre que par les exorcismes qui les envoyèrent à la mer[1]. Ce trait tient moins directement que le premier à l'histoire des Vampires ; mais, quoique sous des figures de sauterelles, ce sont toujours des esprits malfaisans, contre lesquels il faut procéder par des formes extraordinaires.

Thomas Barthelin assure que les anciens Danois se battaient fréquemment avec les spectres, dont leur pays était infesté ; et les écrivains de nos temps barbares font mille histoires des esprits malins qui tourmentent les gens du Nord.

On voit dans Théocrite que les anciens bergers craignaient extrêmement le *démon de midi*. Sous une forme d'homme, ce démon était Pan : avec une figure de femme, il se nommait *Empuse*. Aristophane, dans sa comédie des *grenouilles*, représente l'Empuse comme un spectre horrible, qui prend diverses formes, de chien, de femme, de bœuf, de vipère, etc. qui a le regard atroce, un pied d'airain, une flamme autour de la tête, et qui ne cherche qu'à faire du mal.

Les paysans grecs et russes, qui ont conservé les idées populaires attachées à ce monstre, tremblent au temps des foins et des moissons à la seule pensée du démon de midi, qui, dit-on, rompt bras et jambes aux faucheurs et aux moissonneurs s'ils ne se jettent la face en terre lorsqu'ils l'aperçoivent.

On lit dans la vie de S Grégoire de Néocésarée qu'un diacre de cet évêque, étant entré un soir dans un certain bois, où tous ceux qui se montraient étaient *mis à mort*, y vit une foule de *spectres de toute sorte*, dont il ne se délivra que par des signes de croix.

Le grave Mélanchton lui-même raconte que sa tante fut estropiée par un attouchement perfide du spectre de son défunt époux, qui, en lui serrant la main, la lui brûla.

La chronique de Sigebert donne comme un fait certain qu'en l'an 858 il apparut, dans un village du diocèse de Mayence, un fantôme malfaisant, qui battait les voisins, et troublait la paix des ménages par des révélations indiscrètes : il mettait le feu aux cabanes, ce qui était beaucoup plus sérieux, et brûlait les moissons. On voulut l'exorciser ; mais il répondait par des grêles de pierres aux prêtres qui lui jetaient de l'eau bénite, et, comme on en venait aux grands moyens, il se glissa sous la chape d'un prêtre, qu'il fit fuir en lui reprochant d'avoir corrompu des filles : enfin ce fantôme ne quitta le village que quand il l'eut tout brûlé…

D. Calmet raconte, d'après les annales de la société de Jésus, la triste aventure d'une jeune servante du Pérou, à qui un *esprit* donna un coup de pied dans l'épaule pendant qu'elle dormait. L'amant de cette fille fut tiré de son lit par le même fantôme. Un pot à beurre et un crucifix, qui se trouvaient dans la cuisine, furent brisés en mille pièces. On reconnut que tout ce désordre était l'ouvrage d'une jeune fille de seize ans, morte sans absolution.

1. ↑ *Histoire de la Magie en France,* par M. Jules Garinet, p. 13 et 48.

# CHAPITRE V.

*Des spectres qui annoncent la mort. — Aventures de Dion, de Brutus, de Cassius, de Drusus, de l'empereur Tacite, d'Alexandre III. — Mélusine et quelques autres fantômes. — Histoire singulière d'un gentilhomme espagnol.*

---

Les fantômes dont on vient de parler n'apparaissent que pour tourmenter et battre. Les Vampires en faisaient autant, et de plus ils annonçaient la mort, ou par leur simple apparition, ou par des paroles formelles.

Sans avoir le nom de Vampires une multitude de spectres ordinaires ont apporté également des nouvelles de mort. Dion de Syracuse, étant une nuit éveillé dans son lit, aperçut une grande femme, semblable à une furie, qui balayait sa maison. Ce spectre disparut dès que Dion eut appelé du monde. Mais son fils se tua quelques jours après ; Dion lui-même fut assassiné, et sa famille fut *balayée* de Syracuse, comme le spectre avait semblé l'en avertir.

On se rappelle que Brutus, le meurtrier de César, étant sur le point de livrer bataille à Octave, vit entrer dans sa tente, au milieu de la nuit, un spectre hideux et de forme monstrueuse, qui lui dit « Je suis ton mauvais démon ; tu me verras à Philippes. » Cassius vit dans la même bataille un spectre qui portait la figure de César, et qui s'avançait pour le combattre. Brutus et Cassius, épouvantés de ces fantômes, se donnèrent la mort : du moins, des écrivains ont attribué leur mort à ce motif ; la perte de la bataille y fut sans doute aussi pour quelque chose.

Quand Drusus voulut passer l'Elbe pour continuer le cours de ses victoires, un spectre de femme lui apparut, et lui annonça que le terme de sa vie était proche. Drusus, effrayé, alla bientôt mourir au bord du Rhin.

Quelque temps avant la mort de l'empereur Tacite l'ombre de sa mère sortit de son tombeau, si l'on en croit Flavius Vopiscus, et se montra au monarque et à Florian son frère, qui moururent peu après l'un et l'autre[1].

Lorqu'Alexandre III, roi d'Écosse, célébrait ses troisièmes noces, on vit entrer, dans la salle où la cour était rassemblée pour le bal, un spectre décharné qui gambada devant le roi. Il mourut peu de temps après.

Camerarius raconte que de son temps on voyait souvent des fantômes *sans tête*, qui ouvraient de grands *yeux*, et qui allaient s'asseoir dans les églises sur les chaises des moines et des religieuses qui devaient bientôt mourir…

C'était, il n'y a pas encore longtemps, une croyance générale dans le pays que, toutes les fois qu'il devait mourir quelqu'un de la maison de Brandebourg, un spectre de femme parcourait les appartements du prince avec une chandelle à la main. Un page voulut, dit-on, arrêter un jour cette courrière de mort ; mais le fantôme le saisit à la gorge, et l'étouffa...

Cardan écrit également que dans la maison d'une noble famille de Parme, lorsque quelqu'un devait mourir, on ne manquait pas de voir un spectre de vieille assis sous la cheminée.

Toutes les fois que quelqu'un de la famille de Lusignan est menacé de quelque disgrâce, ou qu'un roi de France doit mourir d'une manière extraordinaire, la fameuse Mélusine vient pousser des cris sur les tours du château qu'elle a fait bâtir[2]... Cependant, il y a près d'un siècle qu'elle ne s'est montrée.

On lit cette singulière histoire, qui paraît un peu ancienne, dans Antoine de Torquemada[3] : « Un chevalier fort riche aimait une religieuse, laquelle, pour avoir moyen d'être avec lui, s'avisa de faire forger des clefs semblables à celles de l'église, ajoutant qu'elle trouverait moyen d'y entrer par un tournoir qui était là pour le service de la sacristie, et que là ils pourraient accomplir leurs déshonnêtes et abominables désirs.

» Le chavalier, fort content, fit faire les clefs ; et, pour ce que l'abbaye était un peu loin du village, il s'y en alla au commencement de la nuit sans mener aucune compagnie, afin que son affaire fût plus secrète.

» Et voyant que l'église était ouverte, et qu'au dedans il y avait une grande clarté de lampes et chandelles, et que les voix y retentissaient comme de personnes qui chantaient et faisaient l'office d'un trépassé, il s'épouvanta, et s'approcha pour voir ce que c'était, et, regardant de tous côtés, il vit l'église pleine de moines et de prêtres, qui chantaient ainsi à ces funérailles, et avaient au milieu d'eux un tombeau fort haut, couvert de noir et à l'entour une grande quantité de cierges allumés ; et ce qui le rendit plus étonné fut qu'il ne connaissait personne de tous ceux-là. Et, après avoir demeuré quelque temps à regarder, il s'approcha de l'un des prêtres, et lui demanda qui était ce défunt pour lequel on chantait ? Le prêtre lui répondit qu'un chevalier (il lui nomma son propre nom) était mort, et que c'était là son enterrement. Le chevalier se mit à rire, et lui répondit : ce chevalier-là est en vie, et par ainsi vous êtes abusé. Le prêtre répliqua : vous vous abusez vous-même. Et il retourna chanter. Le chevalier, ébahi, s'en alla à un autre, auquel il fit la même demande, et cet autre lui fit la même réponse ; de manière que sans attendre davantage il sortit de l'église, et, remontant à cheval, il s'achemina vers sa maison.

» Et tout incontinent deux forts grands et noirs mâtins commencèrent à l'accompagner, l'un d'un côté, et l'autre de l'autre ; et, quoi qu'il fît et les menaçât avec l'épée, ils ne le voulurent abandonner jusqu'à ce qu'ils furent venus à la porte de sa maison, où il entra ; et comme ses serviteurs furent sortis au-devant lui, ils s'émerveillèrent de le voir tant changé et défait, pensant bien qu'il lui était advenu quelque chose. Ils lui demandèrent ce qu'il avait : le chevalier leur récita le tout de point en point, jusqu'à ce qu'il fût entré en sa chambre, où, achevant de raconter ce qui s'était passé, les deux mâtins noirs entrèrent, et, se jetant sur lui, le mirent en pièces, et le tuèrent sans qu'il pût être secouru. (Il reçut le paiement de son offense ; et plût à Dieu que tous ceux qui s'efforcent de violer les monastères des nonnains fussent châtiés en cette manière !...) »

1. ↑ Tout cela est tiré des *Spectres* de Leloyer, liv. III, ch. 16.
2. ↑ *Dictionnaire infernal,* par M. Collin de Plancy, aux mots *Apparitions, Fantômes, Mélusine.*
3. ↑ *Hexameron,* troisième journée, traduction de Gabriel Chappuys, Tourangeau

# CHAPITRE VI.

*Des spectres et Démons qui donnent la mort. — Spectres de Néocésarée, de l'Égypte, de Constantinople. — Opinions des Musulmans sur la même matière. — De quelques personnes tuées par le Diable. — Histoire de l'Esprit d'Hildesheim.*

---

Ce n'était pas assez d'imaginer les apparitions, de les rendre effrayantes ; l'homme, généralement mauvais, attribua aux esprits et revenans ses qualités méchantes : il avait donné aux fantômes, que sa faiblesse venait de créer, le penchant et le pouvoir de tourmenter les vivans. Les spectres annoncèrent la mort, et bientôt ils l'apportèrent avec eux.

Il est vrai que l'on ne conçoit pas aisément comment un esprit peut donner un coup de pied dans l'épaule d'une jeune fille, ou un coup de poing dans le ventre d'un pauvre homme ; mais il ne faut s'étonner de rien avec les légendaires et les démonomanes. Césaire de Citeaux conte, dans son livre de miracles, qu'un moine ayant passé devant un *tableau* qui représentait S. Jean-Baptiste, sans le saluer comme la révérence l'ordonne, l'*image* du saint se détacha de la toile, renversa le moine et l'éventra à coups de pieds.

Puisque les revenans et les spectres se battent sensiblement avec les hommes, sans doute il faut admettre qu'ils apparaissent en corps et en âme comme les Vampires ; autrement le plus subtil théologien ne pourra expliquer leur action. Amphiloque dit, dans la vie de S. Bazile, que le spectre de S. Mercure tua l'empereur Julien : il est vrai que ce fut avec une hallebarde de suisse ; mais encore fallait-il une main pour la porter.

S. Grégoire de Nysse assure que, dans une grande peste qui ravagea la ville de Néocésarée, on vit en plein jour des spectres qui entraient dans les maisons, et y apportaient la mort.

Jean, évêque d'Asie, dit[1] que, pendant la grande peste qui eut lieu sous l'empereur Justinien, on voyait dans des barques d'airain des *spectres noirs* et sans tête, qui voguaient sur la mer, et s'avançaient vers les lieux où l'épidémie commençait ses ravages. Cette infection ayant dépeuplé une ville d'Égypte, en sorte qu'il n'y restait plus que huit personnes, ces malheureux voulurent se sauver ; mais ils furent arrêtés par les spectres, et partagèrent le sort de tous leurs compatriotes.

Le même évêque Jean raconte aussi que, dans une grande peste qui enlevait à Constantinople *quinze à seize mille* personnes par jour, on voyait par la ville des démons et des fantômes qui couraient de maison en maison, sous des habits de moine, et qui y apportaient la mort. Ce dernier trait ressemblerait à une épigramme s'il ne nous venait d'un saint évêque qui n'en faisait pas.

Les Musulmans croient aussi que les ombres des méchans peuvent donner la mort. On cite je ne sais quel petit prince qui, ayant tué son père pour avoir ses états, fit mourir encore son fils afin de régner plus paisiblement. Le spectre paternel l'avait épargné ; le fantôme de son fils le poursuivit sans relâche, en lui disant : Je te tuerai comme tu as tué ton père. Le petit despote tomba de cheval, et en mourut[2].

Dans les contrées soumises à Mahomet on admet également des esprits (Fagia ou Fages) qui donnent la mort aux hommes[3]. On voit dans la bibliothèque orientale de d'Herbelot que le sultan Moctadi-Bemvilla, fut tué dans un festin, au milieu de ses femmes, par un de ces esprits malfaisans.

Nous donnons de même aux démons le pouvoir d'étouffer, d'étrangler, d'emporter les vivans. On sait que le diable tua les sept premiers maris de la jeune Sara ; qu'un mauvais ange extermina les premiers nés des Égyptiens ; qu'un autre tua ceux des Hébreux qui murmuraient dans le désert ; qu'un autre ou peut-être le même fit un horrible massacre de l'armée de Sennachérib, etc.

Césaire de Citaux fait l'histoire d'un joueur que le diable emporta après lui avoir gagné tout son argent au trictrac. Gabrielle d'Estrées fut étouffée, et Carlostad étranglé par un mauvais ange : beaucoup d'autres eurent le même sort. On lit dans l'*Histoire de la magie en France*[4] la terrible aventure du pauvre l'Espèce, qui ayant perdu tout son argent au jeu, se mit à maugréer Dieu et les saints, et dépita souvent la Vierge Marie, mère de Dieu, en disant : *En dépit de Dieu et de la pute Marie !* Mais, la nuit venue, un gros et horrible monstre s'approcha du vaisseau où l'impie ronflait, et le mangea. »

Au diocèse d'Hildesheim en Saxe, vers l'an 1132, on vit long-temps un fantôme que les Saxons appelaient *l'esprit au Bonnet* à cause de sa coiffure. Il s'était logé chez l'évêque, à qui il donnait souvent de sages conseils : il portait aussi de l'eau à la cuisine. Mais ayant été insulté par un marmiton sans qu'on fît droit à ses plaintes, il étouffa ce petit malheureux, et le fit cuire... Dès-lors cet esprit, qui s'était montré si doux, devint si méchant qu'il fallut l'exorciser[5].

1. ↑ Sim. Assemani, *Biblioth. orient*, t. II, p. 86, cité par D. Calmet, p. 68.
2. ↑ Quelques historiens rapportent qu'à la sortie d'Antioche l'ombre de l'empereur Sévère apparut à Caracalla, et lui dit pendant son sommeil : « Je te tuerai comme tu as tué ton frère. »
3. ↑ Ces esprits sont les mêmes que les anciens ont appelés *stryges*. On en parlera bientôt.
4. ↑ Par M. Jules Garinet, vol. in-8°. Chez Lecointe et Durey, p.115.
5. ↑ *Histoire des Fantômes et des Démons qui se sont montrés parmi les hommes* ; par M$^{me}$ Gabrielle de P., pag. 59., après D. Calmet ; après Trithème.

# CHAPITRE VII.

*Des incubes et succubes. — Histoire de Pierron, de Boucher, de Thibaud de la Jacquière. — Aventure de la fille d'un prêtre de Bonn. — Aventure d'une jeune Anglaise. — Le cauchemar.*

---

Les anciens et les modernes ont entendu par *incubes* et *succubes* des spectres et des démons qui viennent coucher avec les mortels, et partager leurs caresses. Les succubes, sous des formes de femmes, s'attachent aux hommes ; les incubes sous des formes d'hommes s'adressent aux dames. Ces sortes de fantômes tiennent au sujet que nous traitons, puisqu'ils se présentent avec un corps matériel et sensible, et que souvent il ne caressent que pour étouffer.

On ferait d'énormes volumes sur les épouvantables histoires des incubes et des succubes ; nous nous contenterons de citer les plus célèbres.

Nicolas Remy rapporte, dans sa *Démonolatrie*, qu'un berger lorrain, nommé Pierron, homme marié, et qui avait même un jeune garçon de huit à dix ans, conçut un violent amour pour une fille de son village. Un jour qu'il songeait à cette fille, elle lui apparut, ou plutôt un démon sous sa figure. Pierron lui avoue son amour : elle veut bien y répondre, mais à condition qu'il lui sera soumis en toutes choses. Le berger y consent, et prend ses plaisirs avec le spectre.

Quelque temps après la prétendue fille donne au fils du berger une pomme qui l'empoisonne. Pendant que le père et la mère s'abandonnent au désespoir sur la mort de leur enfant unique, la fille infernale paraît, et dit : « Si tu veux m'adorer, je te rendrai ton enfant. » Le paysan se met à genoux, et son fils se ranime. Il vécut ainsi pendant une année ; mais au bout de ce temps la fille quitta le pays ; le jeune homme *remourut,* et on l'enterra sans cérémonie dans un champ écarté.

Ambroise Paré raconte dans son livre *des Monstres*, chap. XXVIII, qu'un valet, nommé Boucher, étant profondément plongé dans des pensées de luxure, un démon ou spectre lui apparut sous la figure d'une belle femme. Il n'eut pas de peine à en obtenir les plus précieuses faveurs ; mais incontinent son ventre et ses cuisses s'enflammèrent ; tout son corps s'embrasa, et il mourut misérablement.

Un jeune libertin qui se nommait Thibaud de la Jacquière, était l'amoureux de toutes les femmes. Un démon se présenta à lui sous la figure d'une belle demoiselle : Thibaud profita de l'occasion ; mais tandis qu'elle le serrait dans ses bras, la demoiselle reprit sa forme de diable, ses griffes et ses dents, et étrangla Thibaud.

« Un prêtre de Bonn, nommé Arnold, qui vivait au douzième siècle, avait une fille extrêmement belle. Il veillait sur elle avec le plus grand soin, à cause des chanoines de Bonn, qui en étaient amoureux ; et toutes les fois qu'il sortait il l'enfermait seule dans une petite chambre.

« Un soir qu'elle était enfermée de la sorte un diable ou un esprit l'alla trouver sous la figure d'un beau jeune homme, et se mit à lui faire l'amour. La jeune fille, qui était dans l'âge où le cœur parle avec force, se laissa bientôt séduire, et accorda à l'amoureux démon tout ce qu'il désirait. Il fut constant contre l'ordinaire, et ne manqua pas désormais de venir passer toutes les nuits avec sa belle amie. Enfin elle devint grosse, et d'une manière si visible que force lui fut de l'avouer à son père ; ce qu'elle fit en pleurant à chaudes larmes. Le prêtre, attendri et affligé, n'eut pas de peine à découvrir que sa fille avait été trompée par un incube : c'est pourquoi il l'envoya bien vite de l'autre côté du Rhin pour cacher sa honte, et la soustraire aux recherches de son amant.

« Celui-ci arriva le lendemain, et tout surpris de ne plus revoir sa belle, — Mauvais prêtre, dit-il au père, pourquoi m'as-tu enlevé ma femme ? En disant cela il donna au prêtre un bon coup de poing dans l'estomac, duquel coup de poing le prêtre mourut au bout de trois jours. — on ne sait pas ce que devint le reste de cette histoire édifiante[1]. »

Une jeune anglaise, allant dans un bois à un rendez-vous amoureux, trouva un esprit ou démon sous la forme de l'amant qu'elle cherchait, et lui abandonna ses plus chères faveurs. À son retour, elle se sentit attaquée d'une maladie cruelle, et en accusa son ami, qui se justifia en prouvant un *alibi*. On soupçonna quelque diablerie, et ces soupçons se confirmèrent lorsqu'on vit, au bout de quelques jours, la pauvre fille mourir toute corrompue, et devenir si pesante que huit hommes purent à peine la mettre en terre.

Une autre jeune fille, grosse du fait du diable, accoucha d'un monstre, *le plus vilain qu'on eût jamais vu*[2]. Toutes ces histoires sont bien hideuses ; mais l'imagination des théologiens peut-elle s'arrêter !

On ne savait pas encore au 15$^e$ siècle ce que c'était que le *cauchemar*. On en fit un monstre ; c'était un moyen prompt de résoudre la difficulté. Les uns soutinrent que le cauchemar était un spectre (un vrai Vampire) qui pressait le ventre des gens endormis pour les étouffer : les autres prétendirent que c'était un incube qui étranglait les dormeurs en exerçant sur eux sa lubricité. Delrio, qui appelle le cauchemar *incubus morbus*, dit que c'est un *démon dépuceleur*.

Chez les anciens toute fille qui perdait ses gants accusait un dieu de sa faiblesse ; dans le christianisme les dieux vieillis furent remplacés par les démons et les fantômes.

1. ↑ M. Collin de Plancy, *le Diable peint par lui-même,* chap. XX.
2. ↑ Collin du Plancy ; *Dictionnaire infernal,* au mot *Incubes*.

# CHAPITRE VIII.

*Amours de Machatès et du Spectre de Philinnion. — Histoire analogue d'une Ressuscitée de la rue Saint-Honoré.*

---

» Un jeune homme de Tralles en Asie, nommé Machatès, entretenait un commerce d'amour avec la belle Philinnion, fille de Démostrate et de Charito, sans que les parens en fussent instruits. Cette jeune fille étant morte à l'insu de son amant, son spectre continua de venir passer la nuit avec lui ; et, voulant sans doute resserrer les liens d'un amour que la tombe aurait dû éteindre, elle lui donna un anneau d'or qu'elle avait au doigt, et une bandelette de lin qui lui couvrait l'estomac ; elle reçut en retour de Machatès un anneau de fer et une coupe dorée.

» Un soir cependant quelqu'un, ayant aperçu Philinnion auprès de Machatès, courut en donner avis à sa famille. Les parens, qui avaient assisté aux funérailles de leur fille, ne purent croire d'abord ce qu'on leur racontait ; mais, étant entrés pendant la nuit dans le logis de Machatès, ils reconnurent Philinnion et coururent à elle pour l'embrasser. « Arrêtez, s'écria-t-elle ; pourquoi m'ôtez-vous mon bonheur ?... » En même temps le spectre tomba inanimé sur le lit.

» On alla visiter le tombeau où Philinnion avait été mise : on n'y trouva que l'anneau de fer et la coupe dorée que lui avait donnés son amant. On l'enterra donc une seconde fois ; et Machatès, épouvanté d'avoir couché avec un spectre, se donna la mort[1]. »

On lit dans le tome VIII des *Causes célèbres* une anecdote qui peut en expliquer plusieurs autres. Un marchand de la rue Saint-Honoré, à Paris, avait promis sa fille à un de ses amis, marchand comme lui dans la même rue ; mais un financier étant devenu amoureux de la jeune fille, le père le préféra : le mariage se fit.

Peu de temps après les noces la jeune épouse tomba malade ; et, comme ont la crut morte, on l'ensevelit, et on l'enterra. Son premier amant, pensant qu'elle n'était peut-être qu'en léthargie, la fit tirer de terre pendant la nuit : il eut le bonheur de la trouver vivante ; on la fit revenir et il l'épousa. Ils passèrent en Angleterre, et y vécurent heureux et tranquilles.

Au bout de dix ans ils revinrent à Paris, et le premier mari, ayant reconnu sa femme dans une promenade, la réclama en justice. Ce fut la matière d'un grand procès : la jeune femme et son second mari se défendaient sur ce que la mort avait rompu les liens du premier mariage ; ils reprochaient aussi au financier d'avoir trop précipitamment fait enterrer sa femme. Néanmoins, comme ils prévoyaient qu'ils pourraient succomber, ils se retirèrent de nouveau dans une terre étrangère, où ils finirent leurs jours en paix.

« Qui nous dira, ajoute D. Calmet, que dans l'histoire de Phlégon la jeune Philinnion ne fut pas mise ainsi dans un *caveau*, sans être bien morte, et que toutes les nuits elle ne vint voir naturellement son amant Machatès ? » Son retour dut être d'autant plus facile qu'elle n'était ni ensevelie, ni enterrée.

1. ↑ *Histoire des Fantômes et des Démons qui se sont montrés parmi les hommes*, p. 99, après Phlégon. On trouve, dans les *Contes noirs* de M. Saint-Albin, une histoire populaire semblable à celle qu'on vient de lire (*le Spectre de Soissons*). Tous ces traits prodigieux sont expliqués assez naturellement dans une nouvelle du même livre intitulée *la belle Julie*, t. I.

# CHAPITRE IX.

*Des Loups-Garoux ou Hommes-Loups, qui mangeaient des enfans et buvaient du sang humain.*

---

Tous ces traits, et surtout les spectres qui tuent, le fantôme de Philinnion et de ces autres mortes qui viennent en corps et en âme coucher avec les vivans, tiennent de près au Vampirisme. Nous allons approcher encore des Vampires dans leur perfection en parlant des *loups-garoux* et des spectres qui *mangent de la chair* et qui *boivent du sang.*

La foi aux loups-garoux et aux métamorphoses des hommes en bêtes est très-ancienne : On voit dans la Bible Nabuchodonosor changé en bœuf ; dans Homère, les compagnons d'Ulysse changés en pourceaux ; dans Ovide, Lycaon changé en loup, etc.

On a vu des gens se croire des pots de terre, et s'éloigner des passans pour n'en être pas heurtés. L'immortel Pascal s'imaginait toujours qu'il était sur le bord d'un précipice. Ajax en fureur croyait exterminer les princes grecs en égorgeant un troupeau de moutons, comme Don Quichotte perçait des ailes de moulin à vent en se persuadant qu'il pourfendait des géans.

Ceux qui sont attaqués de la Lycantropie (maladie aujourd'hui extrêmement rare) s'imaginent qu'ils sont des loups, et agissent en conséquence[1]. Virgile parle dans une de ses églogues des moyens qu'employaient les bergers pour se changer en loups. Dans l'*Incrédulité savante* le P. Jacques d'Autun conte qu'un roi de Bulgarie prenait fréquemment la figure d'un loup pour épouvanter ses peuples. Pline fait l'histoire d'un certain Antæus, dont la race avait le privilége de se transformer en loups, et de courir les bois.

On assure aussi qu'en coupant la patte d'un loup-garou, on détruit le charme de sa métamorphose : on le force à redevenir homme ; mais avec la main ou le pied coupé. C'est ce qui arriva à la femme d'un gentilhomme d'Auvergne, qui voulait, sous sa forme de louve, faire violence à un chasseur, ami de son mari : le chasseur en se défendant lui abattit la patte droite, et son mari la fit brûler, comme c'était l'usage dans ce temps-là[2].

On sait que la qualité distinctive des loups-garoux est un grand goût pour la chair fraîche. Delancre assure qu'ils étranglent les chiens et les enfants ; qu'ils les mangent de bon appétit ; qu'ils marchent à quatre pattes ; et qu'ils hurlent comme de vrais loups, avec de grandes gueules, des yeux étincelans, et des dents crochues.

On poursuivit en justice à Besançon, l'an 1521, trois loups-garoux fameux, Pierre Burgot, Michel Verdun, et le gros Pierre. Tous trois confessèrent qu'ils s'étaient donnés au diable. Michel Verdun avoua qu'ayant mené Burgot dans un lieu écarté, ils avaient dansé en l'honneur de Lucifer, avec des chandelles vertes à la main ; et, que s'étant ensuite frottés de graisse, ils s'étaient trouvés changés en loups. « Dans cet état ils s'accouplaient aux louves avec autant de plaisir qu'ils le faisaient aux femmes, quand ils étaient hommes. Burgot convint qu'il avait tué un jeune garçon avec ses pattes et dents de loup, et qu'il l'allait manger si les paysans ne lui eussent donné la chasse. Michel Verdun confessa qu'il avait tué une jeune fille occupée à cueillir des pois, et que lui et Burgot avaient tué et mangé quatre autres petites paysannes : ils désignaient le temps, le lieu, et l'âge des enfans qu'ils avaient dérobés. » Ces malheureux furent condamnés à être brûlés vifs; et leur histoire fut peinte dans l'église des Jacobins de Poligny. Sur ce tableau remarquable chaque loup avait la patte droite armée d'un couteau de cuisine[3].

Bodin raconte sans rougir qu'en 1542 on vit un matin cent cinquante loups-garoux sur une place publique de Constantinople. L'auteur de la *Réalité de la Magie et des apparitions*[4] ajoute que ce fait est constaté dans les journaux du temps. Il serait curieux de voir les journaux de la Turquie en 1542. Le même auteur (M. l'abbé Simonnet,) qui a pris à tâche de faire en 1819 une compilation digne à peine du 13e siècle, raconte ensuite l'histoire de trois jeunes gens qui estropièrent leurs sœurs et leurs maîtresses, déguisées en louves ; et il dit qu'il a tiré cela d'une chronique de Poitiers : mais cette chronique et cette histoire n'existent que dans la tête de M. Simonnet. Il était inutile de supposer des contes de loups-garoux, tandis que l'ouvrage de Nynauld sur la lycantropie en est tout farci.

Au reste jusque vers le milieu du 17ᵉ siècle on voyait partout en Europe des loup-garoux, des sorciers et des spectres. Tous les écrivains dévots en parlent avec frémissement. On est tout surpris de trouver dans l'admirable roman de *Persilès et Sigismonde*, le dernier ouvrage de Cervantès, des îles de loups-garoux et des sorcières qui se changent en louves, pour enlever les hommes dont elles sont amoureuses.

On brûlait tous les jours un grand nombre de malheureux hypocondres, accusés de lycantropie ; et les théologiens et dévots se plaignaient continuellement de ce qu'on n'en brûlait pas assez. Delancre propose[5] comme un bel et très-juste exemple, un trait qu'il a pris je ne sais où, d'un duc de Russie, « lequel, averti qu'un sien sujet se changeait en toutes sortes de bêtes, l'envoya chercher ; et, après l'avoir enchaîné, lui commanda de faire une expérience de son art ; ce qu'il fit, se changeant aussitôt en loup : mais ce duc, ayant préparé deux dogues, les fit élancer contre ce misérable, qui aussitôt fut mis en pièces ».

On amena au médecin Pomponace un paysan atteint de lycantropie, qui criait à ses voisins de s'enfuir s'ils ne voulaient pas qu'il les mange. Comme ce pauvre homme n'avait rien de la forme d'un loup, les villageois, persuadés pourtant qu'il l'était, avaient commencé à l'écorcher pour voir s'il ne portait pas le poil sous la peau. Pomponace le guérit, comme on en eût guéri bien d'autres si on n'eût mieux aimé les brûler pour épouvanter les indévots[6].

Les loups-garoux n'étaient pas les seuls en ces bons temps qui mangeassent de la chair fraîche. Sans parler des ogres, que l'on redoute encore dans une foule de villages, il y avait bien d'autres Vampires, qui à la vérité n'étaient pas morts, mais qui n'en étaient pas moins malfaisans. On ne rapportera point ici la hideuse histoire de Gilles de Laval, qui fit mourir des centaines d'enfans pour satisfaire à une démence infâme, à des débauches qu'on ne se hâta pas de punir, parce que le coupable était puissant.

Ouvrez les théologiens qui ont décrit le sabbat, vous y verrez des sorcières occupées à faire cuire et à manger de jeunes enfans… On voulait brûler les sorciers ; il fallait des crimes ; on leur attribuait les idées les plus horribles : on les leur faisait avouer avec les doux moyens de la torture.

1. ↑ Voyez, dans le *Démoniana* de madame Gabrielle de P., une historiette assez agréable intitulée *la Course du loup-garou*, p. 203. C'est un extrait piquant des lourdes aventures de M. Oufle, par l'abbé Bordelon.
2. ↑ *Boguet*. Discours exécrables des sorciers.
3. ↑ *Histoire de la Magie en France* p. 118. On voit dans le même ouvrage plusieurs autres loups-garoux brûlés pour avoir mangé des petits enfans, même le jour du vendredi…
4. ↑ Ou contre-poison du *Dictionnaire infernal*, p.84.
5. ↑ *Tableau de l'Inconstance des mauvais anges et démons*. Liv. IV, p. 304.
6. ↑ Les loups-garoux devaient être communs, dans des temps où le peuple était plongé dans des misères que nous soupçonnons à peine. Des travaux excessifs et la faim amenaient la mélancolie noire. Les prêtres et les moines, qui ne pouvaient autrement retenir le malheureux dans ses devoirs trop pénibles envers tous ses nombreux tyrans, attestaient toutes les histoires de spectres, de sorciers, de loups-garoux. Le paysan, dont le cerveau était troublé, les organes affaiblis, devenait loup-garou, et courait

les champs. Peut-être espérait-il moins de maux avec le diable qu'avec ses maîtres. Quoiqu'on sût bien qu'il n'était pas loup, on le brûlait pour la gloire de la religion, etc. Aussi les malheureux craignaient les moines et haïssaient Dieu.

# CHAPITRE X.

*Des Lémures. — Des Lamies. — Gello, Gilo, Eurynome. — Des Stryges.*

---

Les anciens donnaient aux âmes des méchans et de ceux qui mouraient de mort violente le nom de *Lémures*; ces Lémures étaient de véritables Vampires. On voit, dans Apulée et dans Ovide, que ces spectres n'apparaissaient que pour menacer, épouvanter et tourmenter les vivans.

Les Romains redoutaient tellement ces Lémures qu'ils instituèrent des cérémonies religieuses pour les apaiser. On nommait ces cérémonies *Lemuria*. Le père de famille se levait à minuit, pendant que toute sa maison était endormie ; il allait, pieds nus, en grand silence, et rempli d'une sainte frayeur, à une fontaine, faisant un peu de bruit par le craquement de ses doigts pour écarter les mânes. Après s'être lavé trois fois les mains il s'en retournait en jetant de grosses fèves noires par dessus sa tête, et disant : « Je me rachète, moi et les miens, par ces fèves ». Ce qu'il répétait neuf fois sans regarder derrière lui. Il s'imaginait que le spectre qui le suivait ramassait ces fèves sans être aperçu ; il prenait de l'eau une seconde fois, frappait sur un vase d'airain, et priait neuf fois l'ombre de sortir de sa maison[1] ; après quoi il retournait à son lit.

Outre les Lémures les anciens craignaient encore d'autres spectres ou esprits malfaisans, qu'ils appelaient *Lamies*. Wierius, dans son livre des Lamies applique ce nom aux sorcières et enchanteresses ; mais les Grecs entendaient par *Lamies* des spectres hideux qui hantaient les déserts, et qui avaient des figures de femme avec des têtes de dragon aux pieds. Dion Chrysostôme dit que les Lamies étaient nombreuses dans la Lybie ; qu'elles montraient leur sein aux hommes pour les attirer, et qu'elles *dévoraient* ceux qui avaient l'imprudence de s'approcher d'elles. Philostrate, dans la vie d'Apollonius de Thianes, parle d'une Lamie qui couchait avec les hommes pour les manger.

Les Lamies étaient surtout friandes du sang des petits enfans, qu'elles suçaient jusqu'à les faire mourir. Delrio cite deux spectres ou Lamies[2], la première nommée Gello, qui errait dans l'île de Lesbos, enlevait les enfans qui venaient de naître pour les dévorer. Gilo, la seconde, avait les mêmes habitudes. Nicéphore assure qu'elle enleva un jour le petit Maurice (depuis empereur) ; mais elle ne put le manger, parce qu'il portait des amulettes.

On peut citer encore à la suite des Lamies le spectre ou démon Eurynome, qui mangeait les corps morts, et n'en laissait que les os.

Chez les orientaux les Lamies déterrent les cadavres dans les cimetières, et en font de grands festins. Ces Vampires chez les Perses se nomment *Gholes*.

On trouve dans les théologiens de l'antiquité plusieurs monstres du même genre, qui dévoraient les corps morts lorsque les vivans leur échappaient.

Tous ces contes étaient utiles ; ils épouvantaient le crédule vulgaire. C'est en menaçant nos pères de démons et de spectres qui mangeaient le sein des femmes et suçaient le sang des maris qu'on parvint, sous Charlemagne, à établir la dîme en France. On attribuait ces menaces à Jésus-Christ même, qui avait écrit une lettre aux Français tout exprès pour cela.

Nous arrivons aux *Stryges*. C'étaient de vieilles Lamies chez les anciens[3]. Chez nos ancêtres c'étaient des sorcières ou des spectres qui mangeaient les vivans. Il y a même dans la loi salique un article contre ces monstres. « Si une stryge a mangé un homme, et qu'elle en soit convaincue, elle paiera une amende de huit mille deniers, qui font deux cents sous d'or. » Il paraît que les stryges étaient communes au $V^e$ siècle, puisqu'un autre article de la même loi condamne à cent quatre-vingt-sept sous et demi celui qui appellera une femme libre *stryge* ou *prostituée*.

Comme ces stryges sont punissables d'amendes, quelques-uns ont cru que ce nom devait s'appliquer exclusivement à des magiciennes. Mais en ces temps-là on soumettait aux lois les spectres et les fantômes aussi bien que les êtres encore vivans : les capitulaires de Charlemagne et de Louis-le-Débonnaire imposent de graves peines aux fantômes enflammés, qui paraissaient dans les airs... Et ces apparitions lumineuses étaient des aurores boréales...

Le même Charlemagne, dans les Capitulaires qu'il composa pour les Saxons, ses sujets de conquête, condamne à la peine de mort (avec plus de raison) ceux qui auront fait brûler des hommes ou des femmes accusés d'être *stryges*. Le texte se sert des mots *stryga vel masca* ; et l'on sait que ce dernier terme signifie, comme *larva*, un spectre, un fantôme.

On peut remarquer dans ce passage des Capitulaires[4] que c'était une opinion généralement reçue chez les Saxons qu'il y avait des sorcières et des spectres qui mangeaient ou suçaient les hommes vivans ; qu'on les brûlait ; et que pour se préserver désormais de leur voracité on mangeait la chair de ces stryges ou Vampires. Nous verrons quelque chose de tout semblable dans le traitement du Vampirisme au 18$^e$ siècle.

Enfin ce qui doit prouver encore que les Lamies ou stryges des anciens étaient de véritables Vampires, c'est que chez les Russes et dans quelques contrées de la Grèce moderne, où le Vampirisme a exercé ses ravages, on a conservé aux Vampires le nom de Stryges.

1. ↑ D. Calmet, *Dissertation sur les Apparitions*, p. 111
2. ↑ *Gello et Gilo spectra vel lamiæ. Disquisit. magic.*, lib. II quest. 27, s. II.
3. ↑ Voyez Ovide, *Fastes*, lib. VI ; Pline, liv. II, etc. — Isaïe, prophétisant la ruine de Babylone, dit qu'elle deviendra la demeure des lamies et des stryges. Chap. 34, verset 14.
4. ↑ *Capitul. Caroli Mag. pro partibus Saxoniæ.* Cap. 6

# CHAPITRE XI.

## *Histoire du Vampire Polycrite.*

---

Un citoyen d'Étolie, nommé Polycrite, fut élu par le peuple pour gouverner le pays, à cause de sa probité et de ses talens. Pendant qu'il jouissait de sa dignité il épousa une dame de Locres, avec laquelle il se flattait de l'espoir d'être heureux ; mais il mourut la quatrième nuit de ses noces, laissant sa femme enceinte d'un hermaphrodite, dont elle accoucha neuf mois après.

Les prêtres et les augures ayant été consultés sur ce prodige, conjecturèrent que les Étoliens et les Locriens auraient guerre ensemble, parce que ce monstre avait les deux natures. On décida qu'il fallait, pour prévenir ces maux, conduire la mère et l'enfant hors des limites d'Étolie, et là les brûler tous deux.

En conséquence de cette sage conclusion les sacrificateurs et les victimes se mirent en marche, accompagnés d'une grande foule de peuple. Mais comme on était sur le point de faire l'exécution, le *spectre* de Polycrite apparut sur le bûcher, et se plaça auprès de son enfant ; ce spectre était vêtu d'une robe noire. Les spectateurs effrayés voulurent prendre la fuite ; il les rappela, les invita à ne rien craindre, et fit ensuite, d'une voix grêle et basse, un discours où il montra à ses compatriotes que, s'ils brûlaient sa femme et son fils, ils tomberaient dans des calamités extrêmes.

Mais voyant que, malgré ses remontrances, les Étoliens n'étaient pas moins décidés à faire ce qu'ils avaient résolu, ce spectre prit son enfant, et, tout vivant qu'il était, il le mit en pièces et le *dévora*... Le peuple fit des huées d'horreur contre lui, et lui jeta des pierres pour l'éloigner. Il fit peu d'attention à ces insultes, brava les coups de pierre, et continua de manger son fils, dont il ne laissa que la tête. Après cela le Vampire disparut.

Ce prodige sembla si effroyable qu'on voulait envoyer consulter l'oracle de Delphes, lorsque la tête de l'enfant, s'étant mise à parler, prédit en vers tous les maux qui devaient tomber dans la suite sur les Étoliens[1].

Ce conte d'ogre se trouve aussi dans les fragmens de Phlégon, affranchi de l'empereur Adrien. Si l'on s'était proposé pour cet ouvrage un espace plus étendu, on pourrait citer encore d'autres historiettes du même genre ; mais tout ce qu'on a déjà dit suffira sans doute pour prouver que les Vampires n'étaient pas inconnus aux anciens, et que nous n'avons fait que les perfectionner.

1. ↑ *Dictionnaire infernal,* au mot *Spectres.*

# SECONDE PARTIE.

## VAMPIRES PLUS RÉCENS.

# CHAPITRE I$^{er}$.

*Des excommuniés que la terre rejette de son sein. — Des Morts qui ont montré du sentiment, etc.*

---

Les Grecs modernes sont persuadés que les excommuniés ne peuvent pourrir, même en terre bénite, jusqu'à ce qu'ils aient reçu l'absolution : ils prétendent de plus que la terre rejette hors de son sein ces corps profanes. Comme on s'est appuyé de cette opinion, qui est aussi celle de nos théologiens, pour soutenir la possibilité des apparitions de Vampires, nous allons rapporter quelques traits que D. Calmet a cités dans ses dissertations.

Sous le patriarche Manuel ou Maxime, qui vivait au 15$^e$ siècle, l'empereur turc de Constantinople voulut savoir s'il était vrai, comme les Grecs l'avançaient, que les corps morts dans l'excommunication ne se corrompaient point. Le patriarche fit ouvrir le tombeau d'une femme qui avait eu un commerce criminel avec un archevêque, et qu'un autre prélat avait excommuniée. On trouva son corps noir et très-enflé. Les Turcs l'enfermèrent dans un coffre, sous le sceau du sultan ; le patriarche fit sa prière, donna l'absolution à la morte, et au bout de trois jours, le coffre ayant été ouvert, le corps se trouva réduit en poussière. Il est vrai qu'en cela il n'y a point de miracle ; car tout le monde sait que les corps que l'on tire bien entiers de leurs tombeaux tombent en poudre dès qu'ils sont exposés à l'air.

Dans le second concile de Limoges, tenu en 1031, l'évêque de Cahors raconta une aventure qui lui était particulière, et qu'il présenta comme toute fraîche :

» Un chevalier de notre diocèse, dit ce prélat, ayant été tué dans l'excommunication, je ne voulus pas céder aux prières de ses amis, qui me suppliaient vivement de lui donner l'absolution : je voulais en faire un exemple, afin que les autres fussent touchés de crainte ; mais il fut enterré par quelques gentilshommes, sans cérémonies ecclésiastiques, sans la permission et sans l'assistance des prêtres, dans une église dédiée à S. Pierre.

» Le lendemain matin on trouva son corps hors de terre, et jeté nu loin de son tombeau, qui était demeuré entier, et sans aucune marque qui prouvât qu'on y eût touché. Les gentilshommes qui l'avaient enterré n'y trouvèrent que les linges où il avait été enveloppé ; ils l'enterrèrent donc une seconde fois, et couvrirent la fosse d'une énorme quantité de terre et de pierres.

» Le lendemain ils trouvèrent de nouveau le corps hors du tombeau *sans qu'il parût* qu'on y eût travaillé. La même chose arriva jusqu'à cinq fois ; enfin ils l'enterrèrent, comme ils purent, loin du cimetière, dans une terre profane ; ce qui remplit les seigneurs voisins d'une si grande terreur qu'ils vinrent tous me demander la paix[1]. »

N'est-ce pas là, comme dit Dom Calmet, un fait incontestable ? Celui-ci n'est pas moins digne de foi. Jean Bromton raconte dans sa chronique, et les Bollandistes au 26 de mai, que S. Augustin, apôtre de l'Angleterre, ayant fait un sermon sur la nécessité de payer la dîme, s'écria ensuite devant tout le peuple, avant de commencer la messe : « Que nul excommunié n'assiste au saint sacrifice ! » On vit aussitôt sortir de l'église un mort qui y était enterré depuis cent cinquante ans.

Après la messe S. Augustin, précédé de la croix, alla demander à ce mort pourquoi il était sorti. Le défunt lui répondit qu'il était mort autrefois dans l'excommunication. Le saint pria aussitôt le pauvre excommunié de lui dire où était enterré le prêtre qui avait porté contre lui la sentence d'excommunication. On s'y transporta. S. Augustin ordonna au prêtre de se lever : il revint en vie, et déclara qu'il avait principalement excommunié cet homme pour son obstination à refuser de payer la dîme. Après cela, à la prière de S. Augustin, il lui donna l'absolution, et les deux morts retournèrent dans leurs tombeaux[2].

On pourrait cependant faire quelques modestes observations sur cette miraculeuse histoire. Du temps de S. Augustin, *apôtre de l'Angleterre,* les Anglais ne payaient pas la dîme, et n'étaient pas excommuniés. Cent cinquante ans auparavant, loin qu'on songeât à la dîme et aux excommunications, il n'y avait en ce pays ni chrétiens, ni prêtres, ni églises, ni aucune idée de tout ce qui fait le fonds du conte de Jean Bromton. Mais passons à d'autres.

Platon et Démocrite disent (et les Hébreux avaient la même opinion) que les âmes demeurent un certain temps auprès de leurs corps morts, qu'elles préservent quelquefois de la corruption, et auxquels elles font croître les cheveux, la barbe et les ongles dans leurs tombeaux, avantage qu'on a accordé aux Vampires du dernier siècle.

Les premiers chrétiens pensaient aussi que les morts sortaient respectueusement de leurs sépulcres pour faire place à de plus dignes défunts qu'on venait enterrer auprès d'eux. S. Jean l'aumônier étant mort à Amathonte, dans l'île de Chypre, son corps fut mis entre ceux de deux évêques, morts depuis quelques années, qui se retirèrent de part et d'autre avec révérence, pour lui céder là place honorable.

Lorsque la tendre Héloïse mourut elle demanda d'être enterrée dans le même tombeau que son amant. Abeilard, qui était mort depuis plus de vingt ans, étendit les bras à son approche, et la reçut dans son sein.

L'église romaine a pensé très-anciennement que les corps des saints ne se corrompaient point dans leurs tombeaux : c'est même pour cela qu'on attend cent ans pour canoniser un homme mort, parce que si un corps n'est pas pourri au bout d'un siècle, on est persuadé qu'il appartient à un bienheureux. Les Grecs ont les mêmes idées ; mais ils prétendent que les corps saints ont une bonne odeur, tandis que ceux des excommuniés sont noirs, puants, enflés, et tendus comme des tambours.

Saint Libentius, archevêque de Brême au 11ᵉ siècle, ayant excommunié des pirates, *l'un d'eux* mourut, et fut enterré en Norwége. Au bout de soixante-dix ans on trouva son corps sans pourriture, mais noir et puant. Un évêque lui donna l'absolution, et dès-lors il put pourrir paisiblement.

1. ↑ *Concil.*, t. IX, p. 902. Pour qu'un coupable puisse être absous, il faut qu'il ait la contrition. Comment donc un prêtre pouvait-il absoudre de sa propre puissance un mort, *incapable de repentir* ?
2. ↑ Ce trait est aussi rapporté dans les *Taxes des parties casuelles de la boutique du pape*, etc. *In*-8°, 1820. Chez Aimé André et Brissot-Thivars, p. 244, au milieu de la platitude en forme d'homélie. Il se trouve encore dans D. Calmet, p. 330 ; dans la *Réalité de la Magie et des Apparitions*, de l'abbé Simonnet, p. 96, au mot *Miracles*.

# CHAPITRE II.

*Des Broucolaques, ou Vampires excommuniés. — Histoire d'un Vampire de Candie. — Autre Vampire de même sorte en Angleterre. — Des morts qui mâchent dans leurs tombeaux, etc.*

---

Les Grecs croient aussi que les corps de ces excommuniés apparaissent souvent aux vivans, et en plein jour comme au milieu de la nuit ; qu'ils parlent et tourmentent ; et que leur présence est dangereuse. Léon Allatius, qui écrivait au 16$^e$ siècle, entre là-dessus dans de grands détails : il assure que, dans l'île de Chio, les habitans ne répondent que lorsqu'on les a appelés deux fois ; car ils sont persuadés que les *Broucolaques* (c'est le nom qu'ils donnent à leurs Vampires ou spectres d'excommuniés) ne peuvent les appeler qu'une fois seulement. Ils croient encore que lorsqu'un Broucolaque appelle une personne vivante, si cette personne répond, le spectre ou Vampire disparaît ; mais celui qui a répondu meurt au bout de quelques jours. On conte la même chose des Vampires de Bohême, de Moravie, etc.

Pour se garantir de la funeste influence des Broucolaques les Grecs déterrent le corps du spectre, et le brûlent après avoir récité sur lui certaines prières. Alors ce corps réduit en cendres ne paraît plus.

Ricaut, qui voyagea dans le levant, au 17e siècle, ajoute[1] que la peur des Broucolaques est générale aux Turcs comme aux Grecs. Il raconte un fait qu'il tenait d'un Caloyer Candiot, qui lui avait assuré la chose avec serment. Un homme étant mort dans l'île de Milo, excommunié pour une faute qu'il avait commise dans la Morée, fut enterré sans cérémonies dans un lieu écarté, et non en terre sainte. Les habitans furent bientôt effrayés par d'horribles apparitions, qu'ils attribuèrent à ce malheureux : on ouvrit son tombeau au bout de quelques années ; on y trouva son corps enflé, mais sain et bien dispos ; ses veines étaient gonflées du sang qu'il avait sucé : on reconnut là un Broucolaque ou Vampire. Lorsqu'on eut délibéré sur ce qu'il y avait à faire, les Caloyers furent d'avis de démembrer le corps, de le mettre en pièces, et de le faire bouillir dans le vin ; car c'est ainsi qu'ils en usent de temps très-ancien, envers les corps des Vampires.

Mais les parens du mort obtinrent, à force de prières, qu'on différât cette exécution ; et cependant ils envoyèrent en diligence à Constantinople, pour obtenir du patriarche l'absolution dont le défunt avait besoin. En attendant le corps fut mis dans l'église, où l'on disait tous les jours des prières pour son repos. Un matin que le Caloyer dont on a parlé faisait le divin service, on entendit tout d'un coup une espèce de détonation dans le cercueil : on l'ouvrit ; et l'on trouva que le corps était dissout, comme doit l'être celui d'un mort enterré depuis sept ans. On remarqua le moment où le bruit s'était fait entendre ; c'était précisément l'heure où l'absolution accordée par le patriarche avait été signée.

Les Grecs et les Turcs s'imaginent encore que les cadavres des Broucolaques mangent pendant la nuit, se promènent, font la digestion de ce qu'ils ont mangé, et se nourrissent réellement. Ils content qu'en déterrant ces Vampires on en a trouvé qui étaient d'un coloris vermeil, et dont les veines étaient tendues par la quantité du sang qu'ils avaient sucé ; que lorsqu'on leur ouvre le corps ces spectres jettent des ruisseaux de sang, aussi chaud, aussi bouillant, aussi frais que serait celui d'un jeune homme d'un tempérament sanguin. Cette opinion populaire est si généralement répandue, que tout le monde en raconte des histoires circonstanciées.

L'usage de brûler les corps des Vampires est très-ancien dans plusieurs autres pays, comme on a déjà dû le remarquer. Guillaume de Neubrige, qui vivait au 12$^e$ siècle, raconte[2] que de son temps on vit en Angleterre, dans le territoire de Buckingham, un spectre qui apparaissait en corps et en âme, et qui vint plusieurs nuits de suite épouvanter sa femme et ses parens. On ne se défendait de sa méchanceté qu'en faisant un grand bruit lorsqu'il approchait. Il se montra même à certaines personnes en plein jour. L'évêque de Lincoln assembla sur cela son conseil, qui lui dit que pareilles choses étaient souvent arrivées en Angleterre, et que le seul remède que l'on connût à ce mal était de brûler le corps du spectre.

L'évêque ne put goûter cet avis, qui lui parut cruel : il écrivit une cédule d'absolution, qui fut mise sur le corps du défunt, que l'on trouva aussi frais que le jour de son enterrement ; et depuis ce moment le fantôme ne se montra plus. Le même auteur ajoute que les apparitions de ce genre étaient alors très-fréquentes en Angleterre.

Quant à l'opinion répandue dans le Levant que les spectres se nourrissent, on la trouve encore établie depuis plusieurs siècles dans d'autres contrées. Il y a long-temps que les Allemands sont persuadés que les morts mâchent *comme des porcs* dans leurs tombeaux, et qu'il est facile de les entendre grogner en broyant ce qu'ils dévorent[3] Philippe Rehrius au 17e siècle, et Michel Raufft, au commencement du dix-huitième, ont même publié des traités sur ces morts qui mangent dans leurs sépulcres[4]

Après avoir parlé de la persuasion où sont les Allemands qu'il y a des morts qui dévorent les linges et tout ce qui est à leur portée, même leur propre chair, ces écrivains remarquent qu'en quelques endroits de l'Allemagne, pour empêcher les morts de mâcher, on leur met dans le cercueil une motte de terre sous le menton ; qu'ailleurs on leur fourre dans la bouche une petite pièce d'argent et une pierre, et que d'autres leur serrent fortement la gorge avec un mouchoir.

Ils citent ensuite plusieurs morts qui ont dévoré leur propre chair dans leur sépulcre. On doit s'étonner de voir des savans trouver quelque chose de prodigieux dans des faits aussi naturels. Pendant la nuit qui suivit les funérailles du comte Henri de Salm on entendit dans l'église de l'abbaye de Haute-Seille, où il était enterré, des cris sourds, que les Allemands auraient sans doute pris pour le grognement d'une personne qui mâche ; et le lendemain, le tombeau du comte ayant été ouvert, on le trouva mort, mais renversé et le visage en bas, au lieu qu'il avait été inhumé sur son dos. On l'avait enterré vivant.

On doit attribuer à une cause semblable l'histoire rapportée par Raufft d'une femme de Bohême, qui en 1345, mangea dans sa fosse la moitié de son linceul sépulcral.

Dans le dernier siècle un pauvre homme ayant été inhumé précipitamment dans le cimetière, on entendit pendant la nuit du bruit dans son tombeau : on l'ouvrit le lendemain, et on trouva qu'il s'était mangé les chairs des bras. Cet homme, ayant bu de l'eau-de-vie avec excès, avait été enterré vivant.

Une demoiselle d'Augsbourg étant tombée en léthargie, on la crut morte, et son corps fut mis dans un caveau profond, sans être couvert de terre. On entendit bientôt quelque bruit dans son tombeau ; mais on n'y fit pas attention. Deux ou trois ans après quelqu'un de la même famille mourut : on ouvrit le caveau, et l'on trouva le corps de la demoiselle auprès de la pierre qui en fermait l'entrée. Elle avait inutilement tenté de déranger cette pierre, et elle n'avait plus de doigts à la main droite, qu'elle s'était dévorée de désespoir.

1. ↑ *État de l'Église grecque*, ch. 13.
2. ↑ *Wilhelmi Neubrig. Rerum anglic. lib. V, cap. 22.*

3. ↑ Les anciens croyaient aussi que les morts mangeaient. Je ne sais pas s'ils les entendaient mâcher ; mais il est certain qu'il faut attribuer à l'idée qui conservait aux morts la faculté de manger l'habitude des repas funèbres qu'on servait de temps immémorial et chez tous les peuples sur la tombe du défunt. Dans l'origine les prêtres mangeaient ce festin pendant la nuit, ce qui fortifiait l'opinion susdite ; car les vrais mangeurs ne s'en vantaient pas. Chez les peuples un peu décrassés les parens mangèrent eux-mêmes les repas des funérailles.
4. ↑ *De Masticatione mortuorum in tumulis.*

# CHAPITRE III.

*Du Vampirisme chez les Arabes. — Histoire d'une Vampire de Bagdad.*

---

Il paraît que la croyance aux Vampires, aux Gholes, aux Lamies, qui sont à peu de chose près le même genre de spectres, est répandue de temps immémorial chez les Arabes, chez les Perses, dans la Grèce moderne et dans tout l'Orient. *Les Mille et Une Nuits* et plusieurs autres contes arabes roulent sur cette matière ; et maintenant encore cette terrible superstition porte l'épouvante dans quelques contrées de la Grèce moderne et de l'Arabie.

On en cite des *histoires* qui remontent jusqu'au 10e siècle, et même jusqu'au règne du fameux Haroun al Raschid. Il n'est pas besoin de dire que ces *histoires* sont des contes ou plutôt des poèmes romantiques.

Nous ne fatiguerons pas le lecteur en lui rappelant dans ce genre ce qu'il a déjà pu lire ailleurs ; mais nous allons rapporter une aventure de Ghole ou Vampire, traduite tout récemment par un jeune savant très-versé dans les langues orientales : nous croyons que ce morceau n'est pas connu. L'estimable écrivain qui, sans nous permettre de le nommer, a bien voulu nous accorder de publier ici son travail a évité les formes poétiques de l'original, parce que ces tournures (que certains romanciers veulent cependant mettre à la mode) sont ridicules dans la prose française.

## HISTOIRE D'UNE FEMME VAMPIRE.

« Dans un faubourg de Bagdad vivait, au commencement du 15e siècle, un vieux marchand, qui avait amassé une fortune considérable, et qui n'avait pour héritier de ses grands biens qu'un fils qu'il aimait tendrement. Il avait résolu de lui donner pour épouse la fille d'un de ses confrères, marchand comme lui, et avec qui il avait lié un commerce d'amitié dans ses fréquens voyages.

» Cette jeune fille était très-riche, mais en même temps fort laide ; et l'aimable Aboul-Hassan[1], à qui on montra le portrait de celle qu'on lui destinait pour épouse, demanda du temps pour se décider à ce mariage.

» Un soir qu'il se promenait seul, à la douce clarté de la lune, dans les campagnes voisines de Bagdad, il entendit une voix mélodieuse, qui chantait quelques versets de l'alcoran en s'accompagnant d'une guitare. Il traversa rapidement le bosquet qui lui cachait la jeune chanteuse, et se trouva au pied d'une maison champêtre, où il vit, sur un balcon ombragé d'herbes traînantes, une femme plus séduisante que les houris.

» Il n'osa se faire remarquer que par des signes de respect et d'amour ; et la fenêtre s'étant refermée, il regagna fort tard la maison paternelle sans savoir si seulement il avait été vu.

» Le lendemain matin, après la prière du lever du soleil, il revint dans les lieux où il avait aperçu la charmante fille pour laquelle il brûlait déjà d'un amour insurmontable. Il fit mille recherches, et découvrit, non sans peine, que sa belle avait dix-sept ans ; qu'elle n'était point mariée ; qu'elle était fille d'un sage qui n'avait point d'or à lui donner, mais qui l'avait élevée dans toutes les sciences les plus sublimes : ces nouvelles achevèrent de l'enflammer.

» Dès-lors le mariage projeté par son père devint impossible. Il alla trouver le vieillard, et lui dit : « Mon père, vous savez que jusqu'ici je n'ai su que vous obéir : j'ose aujourd'hui vous supplier de m'accorder une épouse de mon choix. » Il exposa alors sa répugnance pour la femme qu'on lui proposait, et son amour pour la charmante inconnue.

« Le vieillard fit quelques objections ; mais, voyant que son fils était entraîné par une fatalité irrésistible, il ne mit plus d'obstacles à son bonheur ; il alla trouver le vieux sage, et lui demanda sa fille. Les deux amans se virent ; ils s'idolâtrèrent, et le mariage se fit.

» Pour peindre leur bonheur il faudrait le sentir. Au bout de trois mois, passés dans l'ivresse des plus tendres plaisirs, Aboul-Hassan, s'étant éveillé au milieu de la nuit, s'aperçut que sa jeune épouse avait quitté la couche conjugale. Il crut d'abord qu'un accident imprévu ou une indisposition subite avait causé cette absence : il résolut toutefois d'attendre ;

mais Nadilla (c'est le nom de la jeune femme) ne revint qu'une heure avant le jour. Aboul-Hassan, qui commençait à s'impatienter, remarquant qu'elle rentrait avec l'air effaré et la démarche mystérieuse, fit semblant de dormir, et ne témoigna rien de ses inquiétudes, bien résolu de s'éclaircir un peu plus tard.

» Nadilla ne lui parla point de son absence nocturne ; et la nuit suivante, après les plus tendres caresses, elle s'échappa doucement des bras de son époux, qu'elle croyait endormi, et sortit selon sa coutume.

» Aboul-Hassan se hâta de s'habiller ; il la suivit de loin, et fit d'assez longs détours. Il la vit entrer enfin dans un cimetière ; il y entra pareillement. Nadilla s'enfonça sous un grand tombeau, éclairé de trois lampes funèbres. Quelle fut la surprise d'Aboul-Hassan lorsqu'il vit sa jeune et belle épouse, qu'il chérissait si tendrement, entourée de plusieurs Gholes[2], qui se réunissaient là toutes les nuits, pour leurs festins effroyables !

» Il avait remarqué depuis son mariage que sa femme ne mangeait rien le soir ; mais il n'avait tiré de cette observation aucune conséquence fâcheuse.

» Il vit bientôt une de ces Gholes apportant un cadavre encore frais, autour duquel toutes les autres se rangèrent. L'idée lui vint de se montrer, de dissiper ces hideuses sorcières ; mais il n'eût pas été le plus fort : il se décida à dévorer son indignation.

» Le cadavre fut coupé en pièces, et les Gholes le mangèrent en chantant des chansons infernales. Ensuite elles enterrèrent les os, et se séparèrent après s'être embrassées.

» Aboul-Hassan, qui ne voulait pas être vu, se hâta de regagner son lit, où il feignit de dormir jusqu'au matin.

» De toute la journée il ne témoigna rien de ce qu'il avait vu ; mais, la nuit venue, il engagea sa jeune épouse à prendre sa part d'une légère collation. Nadilla s'excusa selon sa coutume ; il insista long-temps, et s'écria enfin avec colère : « Vous aimez mieux aller souper avec les Gholes ! »

» Nadilla ne répondit rien, pâlit, trembla de fureur, et alla en silence se mettre au lit avec son époux.

» Au milieu de la nuit, lorsqu'elle le crut plongé dans un profond sommeil, elle lui dit d'une voix sombre : « Tiens, expie ta curiosité sacrilège. » En même temps elle se mit à genoux sur sa poitrine, le saisit à la gorge, lui ouvrit une veine et se disposa à boire son sang. Tout cela fut l'ouvrage d'un instant.

» Le jeune homme, qui ne dormait point, s'échappa avec violence des bras de la furie, et la frappa d'un coup de poignard, qui la laissa mourante à ses côtés.

» Aussitôt il appela du secours : on pansa la plaie qu'il avait à la gorge, et le lendemain on porta en terre la jeune Ghole.

» Trois jours après, au milieu de la nuit, elle apparut à son époux, se jeta sur lui, et voulut l'étouffer de nouveau. Le poignard d'Aboul-Hassan fut inutile dans ses mains ; il ne trouva de salut que dans une prompte fuite.

» Il fit ouvrir le tombeau de Nadilla, qu'on trouva comme vivante, et qui semblait respirer dans son cercueil. On alla à la maison du sage qui passait pour le père de cette malheureuse. Il avoua que sa fille, mariée deux ans auparavant à un officier du Calife, et s'étant livrée aux plus infâmes débauches, avait été tuée par son mari ; mais qu'elle avait retrouvé la vie dans son sépulcre ; qu'elle était revenue chez son père ; en un mot, que c'était une femme Vampire. On exhuma le corps ; on le brûla sur un bûcher de bois de senteur ; on jeta ses cendres dans le Tigre ; et l'Arabie fut délivrée d'un monstre… »

On sent bien que cette histoire n'est aussi qu'un conte ; mais il peut donner une idée des croyances des Arabes. On voit dans les *Contes orientaux* de Caylus une espèce de Vampire, qui ne peut conserver son odieuse vie qu'en avalant de temps en temps le cœur d'un jeune homme. On pourrait citer une foule de traits de même sorte dans les contes traduits de l'Arabe : ces contes prouvent que les horribles idées du Vampirisme sont très-anciennes en Arabie.

1. ↑ C'est le nom du jeune homme.
2. ↑ Femmes qui, comme les Lamies, mangent les morts dans les cimetières.

# CHAPITRE IV.

*Histoire d'un Vampire qui se laissa percer d'un coup de lance. — Des quelques Esprits ou Spectres pareillement vulnérables.*

---

Thomas Bantholin, qui écrivait au 17e siècle, raconte, après une ancienne magicienne nommée Landela, dont l'ouvrage n'a jamais été imprimé, un trait qui doit être du 13e, ou du 14e siècle.

Un homme qui se nommait Harppe, étant à l'article de la mort, ordonna à sa femme de le faire enterrer tout droit devant la porte de sa cuisine, afin qu'il ne perdît pas tout à fait l'odeur des ragoûts qui lui était chère, et qu'il pût voir à son aise ce qui se passerait dans sa maison. La veuve exécuta docilement et fidèlement ce que son mari lui avait commandé. Mais quelques semaines après la mort de Harppe on le vit souvent apparaître sous la forme d'un fantôme hideux, qui tuait les ouvriers, et molestait tellement les voisins que personne n'osait plus demeurer dans le village.

Cependant, un paysan nommé Olaüs Pa fut assez hardi pour attaquer ce Vampire : il lui porta un grand coup de lance, et laissa la lance dans la blessure.

Le spectre disparut, et le lendemain Olaüs fit ouvrir le tombeau du mort ; il trouva sa lance dans le corps de Harppe, au même endroit où il avait frappé le fantôme. Le cadavre n'était pas corrompu. On le tira de terre, on le brûla, on jeta ses cendres à la mer ; et on fut délivré de ses funestes apparitions[1].

« Le corps de Harppe, dit ici Dom Calmet, était donc réellement sorti de terre lorsqu'il apparaissait. Ce corps devait être palpable et vulnérable, puisqu'on trouva la lance dans la plaie. Comment sortit-il de son tombeau, et comment y rentra-t-il ? c'est le nœud de la difficulté ; car qu'on ait trouvé la lance et la blessure sur son corps, cela ne doit pas surprendre, puisqu'on assure que les sorciers qui se métamorphosent en chiens, en loups-garoux, en chats, etc., portent dans leurs corps humains les blessures qu'ils ont reçues aux mêmes parties des corps dont ils se sont revêtus, et dans lesquels ils apparaissent. »

D. Calmet aurait pu s'appuyer de plusieurs bonnes histoires qui prouvent que les esprits n'ont pas besoin de corps d'emprunt, pour recevoir les blessures qu'on leur fait. Une religieuse du monastère d'Hoven aperçut le diable dans le dortoir des nonnes ; elle lui donna un soufflet sur la joue, lequel soufflet fut si bien appliqué que le diable prit la fuite.

Un soir que S. Loup voulait boire, le diable se jeta dans sa coupe, croyant entrer sans obstacle dans le corps du saint ; mais Loup reconnut l'ennemi, prit son oreiller, en couvrit le vase et y tint le diable enfermé jusqu'au matin.

Un autre homme, qui avait beaucoup de puissance sur les esprits, en enferma une douzaine dans un pot à beurre. Il paraît que ces esprits étaient matériels, puisqu'ils ne purent s'évaporer.

Un démon alla un jour offrir ses services à S. Antoine : pour toute réponse S. Antoine lui cracha au visage. Il fallait que ce démon eût un visage.

Un esprit alla trouver Ste. Julienne dans sa prison, et lui conseilla de coucher avec son mari et de ne pas mourir. Julienne prit l'esprit ou démon, lui lia les mains derrière le dos, le coucha par terre, le frappa rudement malgré ses cris, et, lui mettant ensuite une chaîne au cou, elle le traîna à écorche-cul par les rues de Nicomédie jusqu'à une fosse d'aisance où elle le jeta.

S. Dunstan prit un autre démon par le nez avec ses tenailles rougies au feu.

S. Dominique en obligea un autre à lui tenir la chandelle pendant qu'il écrivait ; et comme il la tint jusqu'au bout, tout esprit qu'il était, il eut les cinq ongles brûlés, avec un coup de pied du saint dans les fesses[2], etc. Enfin le P. Taillepied cite Plutarque qui, « aux dits notables des Lacédémoniens, parle d'un homme qui enferra un esprit de sa javeline, en passant de nuit par le cimetière. Mais apparemment, ajoute-t-il[3], c'était quelque bélitre qui voulait faire l'esprit. »

1. ↑ Bartholini, *de Causa contemptus mortis, etc., lib. 2, cap. 2.*
2. ↑ *Le Diable peint par lui-même,* par M. Collin de Plancy, chap.9, 10, 21.
3. ↑ Taillepied, *de l'Apparition des Esprits,* chap. 6.

# CHAPITRE V.

*Histoire prodigieuse d'un Gentilhomme auquel le Diable s'est apparu, et avec lequel il a conversé et couché sous le corps d'une femme morte, advenue à Paris, le 1$^{er}$ janvier 1613. Extrait de la seconde édition. — Autre anecdotes du même genre.*

---

» L₁ 1$^{er}$ jour de janvier 1613, pendant ces pluies qui nous ont si long-temps tourmentés, un jeune gentilhomme de Paris, retournant vers les quatre heures après dîné de quelque compagnie avec laquelle il avait passé une bonne partie du jour rencontra, dans une petite allée qui faisait l'entrée de sa porte, une jeune demoiselle bien en ordre, ayant apparence de quelque courtisane, bien vêtue d'une robe de taffetas découpé, enrichie d'un collier de perles, et de plusieurs autres joyaux beaux et bien apparens, laquelle comme étonnée, et toutefois d'une façon riante, s'adressa au gentilhomme, et lui dit : Monsieur, combien que l'injure du temps ne me permette pas de me mettre à sa merci, j'aimerai pourtant mieux m'y exposer que de vous apporter la moindre incommodité du monde, occupant ici sans aucune permission l'entrée de votre logis que si c'est une chose que je puisse faire sans votre mécontentement, je vous en serai autant obligée toute ma vie que pas une de celles qui aient jamais eu l'honneur d'être vos plus affectionnées servantes. Le gentilhomme, considérant ce que la demoiselle pouvait être, jugeant de l'extérieur, et voyant l'honnêteté de laquelle elle avait usé, crut qu'il était de son devoir de lui rendre la pareille, tant de parole que d'effet, et pour cela il lui dit : Mademoiselle, je suis grandement fâché de ce que ma venue a été trop tardive pour vous pouvoir témoigner le service que j'ai voué de tout temps aux dames, et principalement à celles de votre qualité ; et, pour vous le faire connaître, je ne vous offre pas seulement le logis, mais ce qui dépend de moi et ce que vous croyez être en ma puissance : et cependant je vous supplierai de prendre la peine d'entrer, attendant que la pluie soit passée. La demoiselle lui dit : Monsieur, je n'ai jamais mérité l'offre que vous me faites, et je m'en souviendrai quand l'occasion s'en présentera ; je vous prierai seulement de permettre que j'attende ici mon carrosse, que j'ai envoyé quérir par mon laquais. Non, dit le gentilhomme ; vous m'obligerez de venir prendre une chétive collation en attendant votre carrosse ; et, quoique vous ne soyez pas reçue selon votre qualité et votre mérite, je m'efforcerai de vous rendre ce qui sera de mon devoir.

» Enfin, après plusieurs contestations de part et d'autre, la demoiselle entra, et se colérait extrêmement de ce que son laquais ne venait pas. La journée se passa sans que le laquais eût des jambes, ni le carrosse des roues pour arriver. L'heure du souper étant venue, le gentilhomme s'efforce de la traiter le mieux qu'il peut, et lorsque s'approche le temps de se coucher, la demoiselle le supplie que, puisqu'il lui a tant fait d'honneur que de la retirer, il lui fasse encore ce bien que de lui donner un lit à elle seule, vu qu'il ne serait pas séant à une jeune demoiselle d'admettre quelqu'un à sa couche ; ce qu'il octroya facilement. Pendant qu'elle se déshabillait, le gentilhomme lui tint quelques discours amoureux, auxquels il trouvait qu'elle répondait comme savante ; ce qui l'émut ; et, croyant qu'il obtiendrait d'elle facilement ce qu'il désirait, il la laisse coucher : puis, poussé par l'audace qu'il appartient à l'amour seul de nous donner, il sonde le gué, et la va trouver à son lit, feignant de s'enquérir si elle était bien ou non ; et peu à peu, en discourant, il lui coula la main sur le sein, ce qu'elle endura. Enfin après plusieurs poursuites il obtint quelques baisers avec promesse d'autre chose. Voilà donc ce pauvre gentilhomme qui a bien de la peine à obtenir ce qu'on voudrait lui avoir accordé. Après plusieurs baisers qui allument le feu en son âme, après une infinité de prières, ce qu'il désire lui est permis. Soudain il se couche, et jouit long-temps de ses plaisirs qu'il croit parfaits.

» Le matin étant venu, il se lève ; et, craignant que quelqu'un ne le vînt voir, et que voyant cette demoiselle on en pensât quelque chose, il l'envoie éveiller par son laquais, auquel elle répondit qu'elle n'avait point dormi la nuit, et qu'il lui permît de se récompenser sur la matinée. Le laquais rapporta cela à son maître, lequel, après avoir fait quelque petit tour de ville, revint avec quelques-uns de ses amis, et, avant de les faire monter à sa chambre, il y alla d'abord seul afin de s'excuser envers la demoiselle si elle n'avait pas été mieux traitée. Il tire le rideau, et, l'ayant appelée par quelques noms amoureux, il la voulut prendre par le bras ; mais il la sentit aussi froide qu'un glaçon, et sans pouls ni haleine quelconque : de quoi effrayé, il appelle son hôte ; et plusieurs personnes étant arrivées, on trouva la demoiselle roide morte ; alors on fit venir la justice et les médecins, lesquels tous d'un accord dirent que c'était le corps d'une femme, laquelle depuis quelques temps avait été pendue[1] ; et que peut-être un spectre ou un diable s'était revêtu de son corps pour décevoir ce pauvre gentilhomme. Ils n'eurent pas proféré ces paroles qu'à la vue de tous il s'éleva dans le lit une grosse et obscure fumée qui dura environ l'espace d'un *Pater* : cette fumée, petit à petit s'étant dissipée, ils trouvèrent que celle qui était dans le lit avait disparu…

» C'est par de tels exemples que Dieu rappelle ceux qui, lâchant la bride à leurs passions, se laissent emporter à toutes sortes de femmes inconnues, desquelles nous n'avions jamais tant vu qu'il y en a pour le présent… »

Guillaume de Paris raconte aussi qu'un soldat, ayant couché avec une belle fille, trouva le lendemain à ses côtés une carcasse puante…

St. Hippolyte voyait souvent une belle femme qui l'aimait, qui se présentait nue devant lui, et qui, malgré qu'il en eût, le pressait sur son sein, et l'accablait de caresses. Hippolyte, las de ces importunités, comme dit la légende, passa son étole au cou de la femme et l'étrangla. Dès-lors il ne trouva plus dans ses bras qu'un cadavre puant, que l'on crut reconnaître pour le corps d'une femme morte depuis quelques années[2].

Un bourgeois de Lyon fut condamné à coucher trois ans avec le spectre de sa femme qu'il avait assassinée, et qui revenait toutes les nuits, hideuse et sanglante, le tourmenter et le punir. M$^{me}$ de Genlis a encadré ce trait dans son roman des *Chevaliers du Cygne*.

1. ↑ Quelques personnes ont prétendu que la demoiselle étant sortie de gré ou de violence en l'absence du gentilhomme, le valet, qui était dévot, accompagné de quelques gens de même étoffe, avait mis un corps mort dans le lit de son maître pour lui donner une leçon de continence. Si cette histoire n'est pas un conte, cette supposition l'explique. On voit au reste que l'historien a brodé.
2. ↑ *Le Diable peint par lui-même*, p. 77 et 78, après la 113$^e$ légende de Jacques de Voragine.

# CHAPITRE VI.

*Des Vampires de Russie et de Pologne, et de la manière dont on procédait contre eux.*

---

Les journaux publics de la France et de la Hollande parlent en 1693, et 1694 des Vampires qui se montraient en Pologne et surtout en Russie. On voit dans le *Mercure galant* de ces deux années que c'était alors une opinion très-répandue chez ces peuples que les Vampires apparaissaient depuis midi jusqu'à minuit ; qu'ils suçaient le sang des hommes et des animaux vivans avec tant d'avidité, que souvent ce sang leur sortait par la bouche, par les narines, par les oreilles ; et que quelquefois leurs cadavres nageaient dans le sang répandu dans leurs cercueils.

On disait que ces Vampires, ayant continuellement grand appétit, mangeaient aussi les linges qui se trouvaient autour d'eux : on ajoutait que, sortant de leurs tombeaux, ils allaient la nuit embrasser violemment leurs parens ou leurs amis, à qui ils suçaient le sang, en leur pressant la gorge pour les empêcher de crier.

Ceux qui étaient sucés s'affaiblissaient tellement qu'ils mouraient presque aussitôt. Ces persécutions ne s'arrêtaient pas à une personne seulement ; elles s'étendaient jusqu'au dernier de la famille ou du village (car le Vampirisme ne s'est guère exercé dans les villes), à moins qu'on n'en interrompît le cours en coupant la tête ou en perçant le cœur du Vampire, dont on trouvait le cadavre mou, flexible, mais frais, quoique mort depuis très-long-temps.

Comme il sortait de ces corps une grande quantité de sang, quelques-uns le mêlaient avec de la farine pour en faire du pain : ils prétendaient qu'en mangeant ce pain ils se garantissaient des atteintes du Vampire.

# CHAPITRE VII.

*Des Vampires moraves, etc. — Histoire d'une Femme Vampire. — Histoire du fameux Vampire de Blow. — Histoire du Vampire Pierre Plogojowits.*

---

Voici encore quelques histoires de Vampires qui sont antérieures au 18$^e$ siècle. M. de Vassimont, envoyé en Moravie par le duc de Lorraine, Léopold I$^{er}$, assurait, dit D. Calmet, que ces sortes de spectres apparaissaient fréquemment et depuis fort long-temps chez les Moraves, et qu'il était assez ordinaire dans ce pays-là de voir des hommes, morts depuis quelques semaines, se présenter dans les compagnies, se mettre à table sans rien dire avec les gens de leur connaissance, et faire un signe de tête à quelqu'un des assistans, lequel mourait infailliblement quelques jours après.

Un vieux curé confirma ce fait à M. de Vassimont, et lui en cita même plusieurs exemples qui s'étaient, disait-il, passés sous ses yeux. Les évêques et les prêtres du pays avaient consulté Rome sur ces matières embarrassantes ; mais le saint siége ne fit point de réponse, parce qu'il regardait tout cela comme des visions ridicules.

Dès-lors on s'avisa de déterrer les corps de ceux qui revenaient ainsi, de les brûler ou de les consumer en quelqu'autre manière ; et ce fut par ce moyen qu'on se délivra de ces Vampires, qui devinrent de jour en jour moins fréquens.

Toutefois ces apparitions donnèrent lieu à un petit ouvrage composé par Ferdinand de Schertz, et imprimé à Olmutz en 1706 sous le titre de *Magia posthuma*.

L'auteur raconte qu'*en un certain village* une femme étant morte munie de tous ses sacremens, fut enterrée dans le cimetière à la manière ordinaire. On voit que ce n'était pas une excommuniée. Quatre jours après son décès les habitans du village entendirent un grand bruit, et virent un spectre qui paraissait, tantôt sous la forme d'un chien, tantôt sous celle d'un homme, non à une personne seulement, mais à plusieurs. Ce spectre serrait la gorge de ceux à qui il s'adressait, leur comprimait l'estomac jusqu'à les suffoquer, leur brisait presque tout le corps, et les réduisait à une faiblesse extrême ; en sorte qu'on les voyait pâles, maigres et exténués. Les animaux même n'étaient pas à l'abri de sa malice ; il attachait les vaches l'une à l'autre par la queue, fatiguait les chevaux, et tourmentait tellement le bétail de toute sorte, qu'on n'entendait partout que mugissemens et cris de douleur. Ces calamités durèrent plusieurs mois : on ne s'en délivra qu'en brûlant le corps de la femme Vampire.

L'auteur de la *Magia posthuma* raconte une autre anecdote plus singulière encore. Un pâtre du village de Blow, près la ville de Kadam en Bohême, apparut quelque temps après sa mort avec les symptômes qui annoncent le Vampirisme. Ce spectre appelait par leur nom certaines personnes, qui ne manquaient pas de mourir dans la huitaine. Il tourmentait ses anciens voisins, et causait tant d'effroi que les paysans de Blow déterrèrent son corps, et le fichèrent en terre avec un pieu qu'ils lui passèrent à travers le cœur.

Ce spectre, qui parlait quoiqu'il fût mort, et qui du moins n'aurait plus dû le faire dans une situation pareille, se moquait néanmoins de ceux qui lui faisaient souffrir ce traitement. « Vous avez bonne grâce, leur disait-il en ouvrant sa grande bouche de Vampire, de me donner ainsi un bâton pour me défendre contre les chiens ! » On ne fit pas attention à ce qu'il put dire, et on le laissa.

La nuit suivante il brisa son pieu, se releva, épouvanta plusieurs personnes, et en suffoqua plus qu'il n'avait fait jusqu'alors. On le livra alors au bourreau, qui le mit sur une charrette pour le transporter hors de la ville et l'y brûler. Le cadavre remuait les pieds et les mains, roulait des yeux ardens, et hurlait comme un furieux.

Lorsqu'on le perça de nouveau avec des pieux, il jeta de grands cris, et rendit du sang très-vermeil ; mais quand on l'eut bien brûlé il ne se montra plus.

On en usait de même dans le 17ᵉ siècle, et sans doute avant, contre les revenans de ce genre ; et, dans plusieurs endroits, quand on les tirait de terre on les trouvait pareillement frais et vermeils, les membres souples et maniables, sans vers et sans pourriture, mais non sans une très-grande puanteur.

L'auteur que nous avons cité plus haut assure que de son temps on voyait souvent des Vampires dans les montagnes de Silésie et de Moravie. Ils apparaissaient en plein jour comme au milieu de la nuit ; et l'on apercevait les choses qui leur avaient appartenu se remuer, et changer de place sans que personne parût les toucher. Le seul remède contre ces apparitions était de couper la tête et de brûler le corps du Vampire.

Michel Raufft, dont nous avons déjà parlé, raconte qu'un paysan nommé Pierre Plogojowits, enterré depuis environ dix semaines dans le village de Kisilova en Hongrie, apparut la nuit à quelques paysans endormis, et leur serra tellement la gorge qu'ils en moururent au bout de vingt-quatre heures. Il périt ainsi neuf personnes tant vieilles que jeunes dans l'espace de huit jours.

La veuve de Plogojowits déclara même que le spectre de son mari lui était venu demander ses souliers, parce qu'il était obligé de courir nu-pieds, ce qui effraya tellement cette femme qu'elle quitta le village de Kisilova pour se retirer ailleurs.

Ces circonstances déterminèrent les habitans du village à déterrer le corps de Plogojowits, et à le brûler pour se délivrer de ses infestations. Ils s'adressèrent à l'officier de l'empereur, qui commandait dans le territoire de Gradisch en Hongrie, et au curé du même lieu, pour obtenir la permission d'exhumer le corps de Pierre Plogojowits.

L'officier et le curé refusèrent d'abord cette permission ; mais les paysans déclarèrent que, si on ne voulait pas déterrer et brûler ce Vampire, ils seraient obligés d'abandonner le village, et de se retirer où ils pourraient.

L'officier de l'empereur[1], voyant que les menaces et les représentations ne pouvaient arrêter ces pauvres gens, se transporta au village de Kisilova, et fit exhumer le corps de Pierre Plogojowits.

Ils trouvèrent que son corps n'exhalait aucune mauvaise odeur ; qu'il était entier et comme vivant, à l'exception du bout du nez qui paraissait un peu flétri ; que ses cheveux et sa barbe avaient poussé, et qu'à la place de ses ongles, qui étaient tombés, il lui en était venu de nouveaux ; que sous sa première peau, qui était comme morte et blanchâtre, il en paraissait une nouvelle, saine et de couleur naturelle. Ses pieds et ses mains étaient aussi entiers qu'on les pourrait souhaiter dans un homme bien vivant.

Ils crurent remarquer aussi dans sa bouche du sang tout frais, que sans doute il avait sucé tout récemment aux personnes qu'il venait de faire mourir.

L'officier de l'empereur et le curé ayant soigneusement examiné toutes ces choses, et les paysans en ayant conçu une nouvelle indignation contre le Vampire, ils coururent aussitôt chercher un pieu bien pointu qu'ils lui enfoncèrent dans la poitrine, d'où il sortit quantité de sang frais et vermeil, de même que par le nez et par la bouche, et par d'autres parties que la décence ne permet pas de nommer :

ils mirent ensuite le corps sur un bûcher, et l'ayant réduit en cendres, le village fut désormais tranquille.

1. ↑ C'est ce même officier qui a écrit la relation de cette aventure.

# CHAPITRE VIII.

*Histoire d'un autre Vampire de Kisilova. — Apparitions du Vampire Arnold-Paul. — Mort de Stanoska, sucée par un jeune Vampire, etc.*

---

Le marquis d'Argens raconte, dans sa cent trente-septième lettre juive, une histoire de Vampire qui eut lieu au même village de Kisilova, à trois lieues de Gradisch. Ce qui doit le plus étonner dans ce récit, c'est l'espèce de crédulité de ce fameux d'Argens pour un fait qu'il n'avait pas vu, et qui ne présente aucun caractère satisfaisant d'authenticité.

On vient d'avoir en Hongrie, dit l'écrivain philosophe, une scène de Vampirisme, qui est dûment attestée par deux officiers du tribunal de Belgrade qui ont fait une descente sur les lieux, et par un officier des troupes de l'empereur à Gradisch, qui a été témoin oculaire des procédures.

Au commencement de septembre mourut, dans le village de Kisilova, un vieillard âgé de soixante deux ans. Trois jours après qu'il fut enterré, il apparut à son fils pendant la nuit, et lui demanda à manger : celui-ci en ayant apporté, le spectre mangea ; après quoi il disparut.

Le lendemain le fils raconta à ses voisins ce qui lui était arrivé ; et le fantôme ne se montra pas ce jour-là ; mais la troisième nuit il revint demander encore à souper. On ne sait pas si son fils lui en donna ou non ; mais on le trouva le lendemain mort dans son lit. Le même jour cinq ou six personnes tombèrent subitement malades dans le village, et moururent l'une après l'autre en fort peu de temps.

Le bailli du lieu, informé de ce qui se passait, en fit présenter une relation au tribunal de Belgrade, qui envoya à ce village deux de ses officiers avec un bourreau pour examiner l'affaire. Un officier impérial s'y rendit de Gradisch pour être témoin d'un fait dont il avait si souvent ouï parler.

On ouvrit les tombeaux de tous ceux qui étaient morts depuis six semaines : quand on en vint à celui du vieillard on le trouva les yeux ouverts, d'une couleur vermeille, ayant une respiration naturelle, cependant immobile et mort ; d'où l'on conclut que c'était un insigne Vampire. Le bourreau lui enfonça un pieu dans le cœur : on fit un bûcher et l'on réduisit en cendre le cadavre.

On ne trouva aucune marque de Vampirisme ni dans le corps du fils, ni dans celui des autres morts.

« Grâces à Dieu, ajoute le marquis d'Argens, nous ne sommes rien moins que crédules ; nous avouons que toutes les lumières de physique que nous pouvons approcher de ce fait ne découvrent rien de ses causes : cependant nous ne pouvons refuser de croire véritable un fait attesté juridiquement et par des gens de probité… »

Le même écrivain rapporte ensuite une aventure qui eut lieu en 1732, et qu'il avait alors publiée dans le n° 18 du *Glaneur*.

Cette aventure est trop fameuse pour n'être pas insérée dans cet ouvrage.

Dans un canton de la Hongrie, le peuple, connu sous le nom de *Heiduque*, croit, comme en beaucoup d'autres endroits, que certains morts, qu'il nomme Vampires, reviennent sucer le sang des vivans ; en sorte que ceux-ci s'exténuent à vue d'œil, au lieu que les cadavres, comme des sangsues, se remplissent de sang en telle abondance, qu'on le voit sortir par les conduits, et même par les pores.

Un certain heiduque, habitant de Medréïga nommé Arnold-Paul fut écrasé par la chute d'une charrette de foin. Trente jours après sa mort quatre personnes moururent subitement et de la manière que meurent, suivant la tradition du pays, ceux qui sont molestés par les Vampires.

On se ressouvint alors que cet Arnold-Paul avait souvent raconté qu'aux environs de Cassova, et sur les frontières de la Serbie turque, il avait été long-temps tourmenté par un Vampire. Il faut observer que ces peuples croient aussi que ceux qui ont été sucés pendant leur vie sucent à leur tour après leur mort.

Arnold-Paul avait trouvé le moyen de se guérir des attaques du Vampire turc en mangeant de la terre du sépulcre où était enterré le cadavre, et en se frottant de son sang. Cette précaution ne l'empêcha pas de devenir Vampire après sa mort.

Il y avait quarante jours qu'il était enterré, et il avait déjà sucé ou étouffé un assez grand nombre de paysans lorsqu'on l'exhuma. On trouva sur son cadavre tous les indices du Vampirisme : son corps était vermeil ; ses cheveux, ses ongles, sa barbe s'étaient renouvelés ; ses veines étaient toutes remplies d'un sang fluide qui coulait de toutes les parties de son corps sur le linceul dont il était enveloppé.

Le bailli du lieu, en présence de qui se fit l'exhumation, et qui était un homme expert en fait de Vampirisme, fit enfoncer dans le cœur d'Arnold-Paul un pieu fort aigu, dont on lui traversa le corps de part en part. Le Vampire ne put, dit-on, souffrir ce traitement sans pousser un cri effroyable, comme s'il eût été vivant ; malgré cela on lui coupa la tête et on brûla le tout. On en fit autant de tous les cadavres des autres personnes mortes de Vampirisme, de peur qu'ils n'en fissent mourir d'autres à leur tour.

Cependant cinq ans après ces expéditions ces funestes prodiges recommencèrent, et plusieurs habitants du même village périrent malheureusement. Dans l'espace de trois mois, dix-sept personnes de différent sexe et de différent âge moururent de Vampirisme, quelques-unes subitement, et d'autres après deux ou trois jours de langueur.

On rapporte entr'autres qu'une jeune personne nommée Stanoska, fille du heiduque Sotwitzo, qui s'était couchée en parfaite santé, se réveilla au milieu de la nuit toute tremblante, poussant des cris douloureux, et disant que le fils du heiduque Millo, mort depuis neuf semaines, était venu pour l'étrangler pendant son sommeil. De ce moment, elle ne fit plus que languir, et elle mourut au bout de trois jours.

Ce que cette fille avait dit du fils de Millo fit qu'on exhuma ce cadavre, où l'on reconnut un Vampire. Les principaux du lieu, les médecins, les chirurgiens examinèrent comment le Vampirisme avait pu renaître après les précautions qu'on avait prises quelques années auparavant : on découvrit enfin, après bien des recherches, que le défunt Arnold-Paul avait tué non-seulement les personnes dont nous avons déjà parlé, mais aussi plusieurs bestiaux, dont les nouveaux Vampires avaient mangé, et particulièrement le fils de Millo.

Sur ces indices on prit la résolution de déterrer tous ceux qui étaient morts depuis un certain temps. Parmi une quarantaine, on en trouva dix-sept avec tous les signes les plus évidens du Vampirisme : on leur perça le cœur ; on leur coupa la tête, on les brûla, on dispersa leurs cendres ; et on fut depuis à l'abri de leurs infestations nocturnes.

Tous ces faits sont attestés par des procès-verbaux signés par des officiers Allemands et par des baillis de village…

# CHAPITRE IX.

*Histoire de trois Vampires de Hongrie.*

---

Vers l'an 1725, un soldat qui était en garnison chez un paysan des frontières de la Hongrie, vit entrer, au moment du souper, un inconnu, qui se mit à table auprès du maître de la maison : celui-ci en fut extrêmement effrayé, de même que le reste de la compagnie. Le soldat ne savait qu'en juger, et craignait d'être indiscret en faisant des questions, parce qu'il ignorait de quoi il s'agissait.

Mais le maître du logis étant mort le lendemain, il chercha enfin à connaître le sujet qui avait produit cet accident et mis toute la maison dans le trouble. On lui dit que l'inconnu, qu'il avait vu entrer et se mettre à table au grand effroi de toute la famille, était le père du maître de la maison ; qu'il était mort et enterré depuis plus de dix ans, et qu'en venant ainsi s'asseoir auprès de son fils, il lui avait apporté la mort.

Le soldat raconta toutes ces choses à son régiment. On en avertit bientôt les officiers généraux, qui donnèrent commission au comte de Cabreras, capitaine d'infanterie, de faire information de ce fait.

Le comte de Cabreras s'étant transporté sur les lieux avec d'autres officiers, un chirurgien et un auditeur, ils entendirent les dépositions de tous les gens de la maison, qui attestèrent que le revenant était père de l'hôte du logis, et que tout ce que le soldat avait rapporté était exactement vrai : ce qui fut aussi affirmé par la plupart des habitans du village.

En conséquence on fit tirer de terre le corps de ce spectre : son sang était fluide et ses chairs aussi fraîches que celles d'un homme qui vient d'expirer. On lui coupa la tête ; après quoi on le remit dans son tombeau.

On exhuma ensuite, après d'amples informations, un homme mort depuis plus de trente ans, qui était revenu trois fois dans sa maison à l'heure du repas, et qui avait sucé au cou, la première fois, son propre frère, la seconde un de ses fils, la troisième un valet de la maison ; tous trois en étaient morts presque sur-le-champ. Quand ce vieux Vampire fut déterré on le trouva, comme le premier, ayant le sang fluide et le corps frais. On lui planta un grand clou dans la tête, et ensuite on le remit dans son tombeau.

Le comte de Cabreras fit brûler après cela un troisième Vampire, qui était enterré depuis plus de seize ans, et qui avait sucé le sang et causé la mort à deux de ses fils. — Alors enfin le pays fut tranquille[1].

1. ↑ D. Calmet déclare qu'il tient ces faits d'un particulier, qui lui a déclaré qu'il les tenait de M. le comte de Cabreras.

# CHAPITRE X.

*Exhumation et Aventures d'un Broucolaque ou Vampire de l'île de Mycone.*

---

Tournefort raconte dans le tome I. de son voyage au Levant, la manière dont il vit exhumer un broucolaque dans l'île de Mycone, où il se trouvait le 1$^{er}$ janvier 1701. Cette aventure doit trouver sa place dans cet ouvrage ; elle est antérieure aux Vampires de 1730, et depuis long-temps, comme nous l'avons dit, il s'en passait de telles dans la Grèce moderne. « Nous fûmes témoins, dit Tournefort, d'une scène bien singulière à l'occasion d'un de ces morts qui reviennent, dit-on, après leur enterrement. Celui dont on va donner l'histoire était un paysan de Mycone naturellement chagrin et querelleur : c'est une circonstance à remarquer par rapport à de pareils sujets. Il fut tué à la campagne on ne sait ni par qui, ni comment.

» Deux jours après qu'on l'eut inhumé dans une chapelle de la ville, le bruit courut qu'on le voyait la nuit se promener à grand pas ; qu'il venait dans les maisons renverser les meubles, éteindre les lampes, embrasser les gens par derrière, et faire mille petits tours d'espiègle. On ne fit qu'en rire d'abord ; mais l'affaire devint sérieuse lorsque les gens les plus graves commencèrent à se plaindre ; les prêtres mêmes convenaient du fait, et sans doute ils avaient leurs raisons.

» On ne manqua pas de faire dire des messes : cependant le spectre continuait la même vie sans se corriger. Après plusieurs assemblées des principaux de la ville, des prêtres et des religieux, on conclut qu'il fallait, suivant je ne sais quel ancien cérémonial, attendre les neuf jours après l'enterrement.

» Le dixième jour on dit une messe dans la chapelle où était le corps, afin de chasser le démon que l'on croyait s'y être renfermé. Ce corps fut déterré après la messe, et on se mit en devoir de lui ôter le cœur ; ce qui excita les applaudissemens de toute l'assemblée. Cependant on fut obligé de brûler de l'encens pour couvrir les mauvaises odeurs. Mais cette fumée, confondue avec les exhalaisons du broucolaque, échauffa bientôt la cervelle de ces pauvres gens ; leur imagination, frappée du spectacle, se remplit de visions : on s'avisa de dire qu'il sortait une fumée épaisse de ce corps ; nous n'osions pas observer que c'était celle de l'encens.

» On ne criait que *Vroucolacas* dans la chapelle et dans la place qui est devant. C'est le nom qu'on donne à ces prétendus revenans. Le bruit se répandait dans les rues comme par mugissemens, et ce nom semblait être fait pour tout ébranler. Plusieurs des assistans assuraient que le sang de ce malheureux était très-vermeil ; le boucher jurait que le corps était encore tout chaud ; d'où l'on concluait que le mort avait grand tort de n'être pas bien mort, ou, pour mieux dire, de s'être laissé ranimer par le diable. C'est là précisément l'idée qu'ils ont d'un broucolaque : on faisait alors retentir ce nom d'une manière étonnante.

» Il entra dans ce moment d'autres personnes, qui protestèrent tout haut qu'elles s'étaient bien aperçu que ce corps n'était pas devenu roide lorsqu'on le portait de la campagne à l'église pour l'enterrer ; sur quoi on décida de nouveau que c'était un vrai *Vroucolacas*. C'était là le refrain.

» Je ne doute pas qu'on n'eût soutenu qu'il exhalait une excellente odeur si nous n'eussions été présens, tant ces pauvres gens sont infatués de leurs revenans.

» Enfin on fut d'avis d'aller à la marine, et de brûler le cœur du mort, qui, malgré cette exécution, fut moins docile, et fit plus de bruit qu'auparavant. On l'accusa de battre les gens la nuit, d'enfoncer les portes et même les terrasses, de briser les fenêtres, de déchirer les vêtemens, de vider les cruches et les bouteilles. C'était un mort bien altéré : je crois qu'il n'épargna que la maison du consul chez qui nous logions.

» Cependant je n'ai rien vu de si pitoyable que l'état où était cette île : tout le monde avait l'imagination renversée ; les gens du meilleur esprit paraissaient frappés comme les autres ; on voyait des familles entières abandonner leurs maisons, et venir des extrémités de la ville avec leurs lits passer la nuit sur la place ; les plus sensés se retiraient à la campagne.

» Dans une prévention si générale nous prîmes le parti de ne rien dire : non-seulement on nous aurait traités de ridicules, mais d'infidèles. Comment faire revenir tout ce peuple ? Ceux qui croyaient dans leur âme que nous doutions de la vérité du fait venaient à nous comme pour nous reprocher notre incrédulité, et prétendaient nous prouver qu'il y avait des broucolaques par quelques autorités tirées du boucher de la ville, et du P. Richard, missionnaire jésuite.

» On nous donnait tous les matins la comédie par un fidèle récit des nouvelles folies qu'avait faites cet oiseau de nuit. On l'accusait même d'avoir commis les péchés les plus abominables.

» Les citoyens les plus zélés pour le bien public croyaient qu'on avait manqué au point le plus essentiel de la cérémonie : il ne fallait, selon eux, célébrer la messe qu'après avoir arraché le cœur de ce malheureux ; ils prétendaient qu'avec cette précaution on n'aurait pas manqué de surprendre le diable ; et sans doute il n'aurait eu garde d'y retourner ; au lieu qu'ayant commencé par la messe, il avait eu, disaient-ils, tout le temps de s'enfuir, et de revenir ensuite à son aise.

» Après tous ces raisonnemens on se trouva dans le même embarras que le premier jour : on s'assemble soir et matin ; on raisonne ; on fait des processions pendant trois jours et trois nuits ; on oblige les prêtres de jeûner ; on les voyait courir dans les maisons, le goupillon à la main, jetant partout de l'eau bénite et en lavant les portes : ils ne manquaient pas non plus d'en remplir continuellement la bouche du broucolaque.

» Comme nous avions souvent répété aux administrateurs de la ville que, dans un pareil cas, on ne manquerait pas en Europe de faire le guet la nuit pour observer ce qui se passerait dans la ville, on arrêta enfin quelques vagabonds, qui assurément avaient part à tous ces désordres ; mais ils n'en étaient sans doute pas les principaux auteurs, ou bien on les relâcha trop tôt ; car deux jours après, pour se dédommager du jeûne qu'ils avaient fait en prison, ils recommencèrent à vider les cruches de vin de ceux qui étaient assez sots pour abandonner leurs maisons dans la nuit. On fut donc obligé d'en revenir aux prières.

» Un jour, pendant qu'on récitait certaines oraisons, après avoir planté je ne sais combien d'épées nues sur la fosse de ce cadavre, que l'on déterrait trois ou quatre fois par jour, suivant le caprice du premier venu, un Albanais, qui par occasion se trouva à Mycone, s'avisa de dire, d'un ton de docteur, qu'il était fort ridicule en pareil cas de se servir des épées des chrétiens. Ne voyez-vous pas, ajoutait-il, que la poignée de ces épées, faisant une croix avec la garde, empêche le diable de sortir de ce corps ? que ne vous servez-vous plutôt des sabres des Turcs ?

» L'avis de cet habile homme ne servit de rien : le broucolaque ne parut pas plus traitable, et tout le monde était dans une étrange consternation. On ne savait plus à quel saint se vouer, lorsque tout d'une voix, comme si l'on s'était donné le mot, on se mit à crier par toute la ville que c'était trop attendre, qu'il fallait brûler le vroucolacas tout entier ; qu'après cela ils défiaient le diable de revenir s'y nicher ; qu'il valait mieux recourir à cette extrémité, que de laisser déserter l'île. En effet il y avait déjà des familles entières qui pliaient bagage, dans le dessein de se retirer à Syra ou à Tine.

» On porta donc le broucolaque par ordre des administrateurs à la pointe de l'île de Saint-George, où l'on avait préparé un grand bûcher avec du goudron, de peur que le bois, quelque sec qu'il fût, ne brûlât pas assez vite. Les restes de ce malheureux cadavre y furent jetés et consumés en peu de temps.

» On pouvait bien appeler ce feu un vrai feu de joie, puisque dès-lors on n'entendit plus de plaintes contre le vroucolacas : on se contenta de dire que le diable avait été bien attrapé cette fois-là, et l'on fit quelques chansons pour le tourner en ridicule.

» Dans tout l'Archipel on est bien persuadé qu'il n'y a que les Grecs du rit grec dont le diable ranime les cadavres. Les habitans de l'île de Santorine appréhendent fort ces sortes de spectres. Ceux de Mycone, après que leurs visions furent dissipées, craignaient également les poursuites des Turcs et celles de l'évêque de Tine. Aucun prêtre ne voulut se trouver à Saint-Georges quand on brûla ce corps, de peur que l'évêque n'exigeât une somme d'argent pour avoir fait déterrer et brûler le mort sans sa permission. Pour les Turcs il est certain qu'à la première visite ils ne manquèrent pas de faire payer à la communauté de Mycone le sang de ce pauvre revenant, qui fut en toute manière l'abomination et l'horreur de son pays. »

On aura sans doute trouvé cette histoire un peu longue, mais elle est d'une grande importance ; car elle montre ce que les esprits sains doivent penser du Vampirisme.

# CHAPITRE XI.

*Histoire d'un Vampire de Moldavie. — Anecdote singulière rapportée par Torquemada.*

---

Dans un village à quelques lieues de Barlaw, en Moldavie, mourut, en février 1729, un vieux jardinier redouté de tout le voisinage, qui le croyait sorcier.

Pendant la nuit qui précéda son enterrement, son corps, qui était déposé dans l'église, fut dérangé de sa place, et le drap noir qui le couvrait fut volé : cependant on trouva le lendemain le cadavre sans mouvement. On n'en publia pas moins que le mort revenait déjà, et on se hâta de l'enterrer : on lui mit même une pierre sur la gorge.

Trois nuits après une jeune fille, qui était fiancée et sur le point de se marier, s'éveilla hors d'elle-même, quitta son lit, poursuivie par une vision épouvantable, et courut dire à ses parens que le vieux jardinier venait d'entrer dans sa chambre, qu'il lui avait dit : « Je viens te sucer comme j'ai déjà sucé celui qui devait être ton époux » ; qu'en même temps il lui avait serré la gorge, et qu'elle s'était éveillée en se débattant avec ce Vampire.

Au lieu de la rassurer et de lui montrer que tout cela n'était qu'une vision, ses parens, effrayés comme elle, ne songèrent qu'à apprendre à leurs voisins le malheur de leur fille, et à demander l'exhumation du cadavre suceur. Cependant la jeune fille mourut au bout de deux jours.

Mais voici un fait plus remarquable : celui qu'elle allait épouser n'avait pas vu le Vampire, n'en avait pas été sucé ; cependant il n'eut pas plus tôt appris ce que le spectre avait dit en étranglant la jeune fille, qu'il tomba malade également, et mourut huit jours après elle.

On déterra le mort que le cri public accusait de Vampirisme. On crut lui trouver le teint frais, et on le brûla[1]. Mais pourrait-on ne pas reconnaître dans cette aventure les tristes effets de l'imagination ? La vérité est ici tellement évidente qu'il est inutile de la montrer.

Nous nous contenterons de rapporter une anecdote qui a quelque rapport avec l'accident qui fit un Vampire, en dérangeant le cadavre qu'on allait enterrer.

Torquemada raconte[2] qu'un chevalier distingué par sa naissance et par ses richesses étant mort dans une ville d'Espagne, son corps fut transporté dans l'église d'un monastère, pour y être enterré avec les cérémonies accoutumées. Il y avait alors dans la même ville une femme qui avait perdu l'esprit : elle courait jour et nuit par toute la ville sans qu'on y fît attention. Se trouvant sur le soir près de l'église de ce monastère, elle y entre, et s'y cache si bien qu'on ferma toutes les portes sans l'apercevoir.

La nuit était alors assez froide : elle alla se mettre précisément sous le drap mortuaire du défunt ; ce drap était de velours ; elle s'en enveloppa pour se procurer quelque chaleur ; et y dormit jusqu'au milieu de la nuit, que les moines se rendirent au chœur pour chanter matines.

Le son des voix ayant éveillé cette femme, elle se mit à rire avec des éclats qui commencèrent à inquiéter ces pères : après cela elle se mit à frapper, à crier, à hurler même de toutes ses forces. Il n'en fallut pas davantage pour faire fuir les moines. Une lueur de courage ranima cependant le prieur et quelques religieux : ils s'armèrent de cierges et d'eau bénite ; après quoi ils rentrèrent dans l'église pour faire les exorcismes usités dans ces occasions.

La folle, les entendant revenir, se mit à crier plus fort qu'auparavant ; elle souleva même et fit retomber plusieurs fois la tombe, qui n'était pas encore scellée. Les prières et les exorcismes furent inutiles, et le prieur prit sagement le parti de quitter l'église, parce que ses religieux ne pouvaient bientôt plus résister à leurs frayeurs.

La folle, qui n'avait plus rien à craindre, dormit le reste de la nuit. Le lendemain elle se retira en un coin, ne témoigna rien de ce qui était arrivé, et sortit avec quelques autres personnes sans être remarquée.

Les moines, un peu rassurés, allèrent avant la messe visiter le tombeau, qu'ils trouvèrent extrêmement dérangé ; et on fut persuadé, dans la ville comme au couvent, qu'un spectre était venu dans l'église.

Mais au bout de deux mois tout le mystère s'éclaircit. Cette folle, rencontrant quelques religieux, leur cria :

Moines, moines, ne vous ai-je pas bien effrayés une de ces nuits passées ? Les religieux s'approchèrent pour savoir ce qu'elle voulait dire : elle leur avoua tout ce qu'elle avait fait, et ce fut une belle apparition de moins.

Il y a beaucoup d'aventures de ce genre, qui ne sont merveilleuses que parce qu'on en ignore le dénoûment.

1. ↑ Voyage en Moldavie en 1735, publié à Munich. 1740, t. I.
2. ↑ Troisième journée de l'*Hexaméron,* cité par Lenglet Dufresnoi dans la préface des *Dissertations sur les Apparitions.*

# TROISIÈME PARTIE.

## EXAMEN DU VAMPIRISME.

# CHAPITRE PREMIER.

*Procédures contre les Vampires. — État et indices du Vampirisme.*

---

ON a vu, dans tout ce qui précède, que généralement lorsqu'on exhume les Vampires, leurs corps paraissent vermeils, souples, bien conservés. Cependant, malgré tous ces indices de Vampirisme, on ne procédait pas contre eux sans formes judiciaires. On citait et on entendait les témoins ; on examinait les raisons des plaignans ; on considérait avec attention les cadavres : si tout annonçait un Vampire, on le livrait au bourreau, qui le brûlait.

Il arrivait quelquefois que ces spectres paraissaient encore pendant trois ou quatre jours après leur exécution : cependant leur corps avait été réduit en cendres.

Assez souvent on différait d'enterrer pendant six ou sept semaines les corps de certaines personnes suspectes. Lorsqu'ils ne pourrissaient point, et que leurs membres demeuraient souples, leur sang fluide, alors on les brûlait.

On assurait que les habits de ces personnes se remuaient et changeaient de place sans qu'aucune personne les touchât. L'auteur de la *Magia posthuma*, dont nous avons déjà parlé, raconte que l'on voyait à Olmutz, à la fin du dix-septième siècle, un de ces Vampires qui, sans être enterré, jetait des pierres aux voisins, et molestait extrêmement les habitans.

D. Calmet rapporte, comme une circonstance particulière, que, dans les villages où l'on est infesté du Vampirisme, on va au cimetière, on visite les fosses ; on en trouve qui ont deux, ou trois, ou plusieurs trous de la grosseur du doigt : alors on fouille dans ces fosses, et l'on ne manque pas d'y trouver un corps souple et vermeil. Si on coupe la tête de ce cadavre il sort de ses veines et de ses artères un sang fluide, frais et abondant.

Le savant bénédictin demande ensuite si ces trous, qu'on remarquait dans la terre qui couvrait les Vampires, pouvaient contribuer à leur conserver une espèce de vie, de respiration, de végétation, et rendre plus croyable leur retour parmi les vivans : il pense avec raison que ce sentiment (fondé d'ailleurs sur des faits qui n'ont rien de réel) n'est ni probable, ni digne d'attention.

Le même écrivain cite ailleurs, sur les Vampires de Hongrie, une lettre de M. De l'Isle de Saint-Michel, qui demeura long-temps dans les pays infestés, et qui devait en savoir quelque chose. Voici comment M. De l'Isle s'explique là-dessus :

« Une personne se trouve attaquée de langueur, perd l'appétit, maigrit à vue d'œil, et, au bout de huit ou dix jours, quelquefois quinze, meurt sans fièvre, ni aucun autre symptôme de maladie, que la maigreur et le desséchement.

On dit en Hongrie que c'est un Vampire qui s'attache à cette personne, et lui suce le sang.

» De ceux qui sont attaqués de cette mélancolie noire, la plupart, ayant l'esprit troublé, croient voir un spectre blanc qui les suit partout, comme l'ombre fait le corps.

» Lorsque nous étions en quartier d'hiver chez les Valaques, deux cavaliers de la compagnie dont j'étais cornette moururent de cette maladie ; et plusieurs autres qui en étaient attaqués en seraient probablement morts de même si un caporal de notre compagnie n'avait guéri les imaginations en exécutant le remède que les gens du pays emploient pour cela. Quoique assez singulier, je ne l'ai jamais lu dans aucun *rituel* : le voici.

» On choisit un jeune garçon, qui soit d'âge à n'avoir jamais fait œuvre de son corps, c'est à dire qu'on puisse croire vierge ; on le fait monter à poil sur un cheval entier, absolument noir, et qui soit également vierge. On conduit le jeune homme et le cheval au cimetière : ils se promènent sur toutes les fosses. Celle où l'animal refuse de passer, malgré les coups de cravache qu'on lui délivre, est regardée comme renfermant un Vampire. On ouvre cette fosse, et on y trouve un cadavre aussi beau et aussi frais que si c'était un homme tranquillement endormi. On coupe d'un coup de bêche le cou de ce cadavre : il en sort abondamment un sang des plus beaux et des plus vermeils, du moins on croit le voir ainsi. Cela fait, on remet le Vampire dans sa fosse, on la comble, et on peut compter que dès-lors la maladie cesse, et que tous ceux qui en étaient attaqués recouvrent leurs forces peu à peu, comme des gens qui échappent d'une longue maladie d'épuisement. »

# CHAPITRE II.

*Le Vampirisme enfanté par l'imagination et la peur. — Anecdotes sur les funestes effets de l'imagination effrayée.*

---

Le marquis d'Argens, après avoir montré une certaine crédulité pour les Vampires, dont les prodigieuses aventures ont pu surprendre son esprit étonné, se relève bientôt de cette faiblesse ; et il raisonne ainsi sur cette matière dans les mêmes lettres juives que nous avons citées :

« Il y a deux moyens différens de détruire la crainte des Vampires, et de montrer l'impossibilité des funestes effets que l'on fait produire à des cadavres entièrement privés de sentiment : le premier est d'expliquer par des causes physiques tous les prodiges du Vampirisme ; le second est de nier totalement la vérité de ces histoires ; et ce dernier parti est sans doute le plus certain et le plus sage.

Mais, comme il y a des personnes à qui l'autorité d'un certificat donné par des gens en place paraît une démonstration évidente de la réalité du conte le plus absurde, avant de montrer combien peu on doit se fier aux formalités de justice dans les matières qui regardent uniquement la philosophie, je supposerai pour un temps qu'il meurt réellement plusieurs personnes du mal qu'on appelle le Vampirisme. J'expose d'abord ce principe qu'il se peut faire qu'il y ait des cadavres qui, quoique enterrés depuis plusieurs jours, répandent un sang fluide par les conduits de leur corps ; j'ajoute encore qu'il est très-aisé que certaines gens se figurent d'être sucés par les Vampires, et que la peur que leur cause cette imagination fasse en eux une révolution assez violente pour les priver de la vie. Étant occupés toute la journée de la crainte que leur inspirent ces prétendus spectres, est-il fort extraordinaire que pendant leur sommeil les idées de ces fantômes se présentent à leur imagination, et leur causent une terreur si violente que quelques-uns en meurent dans l'instant, et quelques autres peu de jours après. Combien de gens n'a-t-on pas vus qui sont morts de frayeur ! La joie même n'a-t-elle pas produit un effet aussi funeste ?

On a publié, en 1733, un petit ouvrage intitulé[1] : Pensées philosophiques et chrétiennes sur les Vampires, par Jean-Christophe Herenberg. L'auteur parle en passant d'un spectre qui lui apparut à lui-même en plein midi : il soutient en même temps que les Vampires ne font pas mourir les vivans, et que tout ce qu'on en débite ne doit être attribué qu'au trouble de l'imagination des malades.

Il prouve, par diverses expériences, que l'imagination est capable de causer de très-grands dérangemens dans le corps et dans les humeurs.

Il rappelle qu'en Esclavonie on empalait les meurtriers, et qu'on y perçait le cœur du coupable par un pieu qu'on lui enfonçait dans la poitrine. Si l'on a employé le même châtiment contre les Vampires, c'est parce qu'on les suppose auteurs de la mort de ceux dont on dit qu'ils sucent le sang.

Christophe Herenberg donne quelques exemples de ce supplice exercé contre les Vampires, l'un dès l'an 1337, un autre en l'année 1347, etc. ; il parle de l'opinion de ceux qui croient que les morts mangent dans leurs tombeaux, sentiment dont il tâche de prouver l'antiquité par Tertullien, au commencement de son livre de la *Résurrection*, et par S. Augustin, livre VIII de la *Cité de Dieu*.

Le passage de Tertullien qu'il cite prouve fort bien que les païens offraient de la nourriture à leurs morts, même à ceux dont ils avaient brûlé les corps, dans la croyance que leurs âmes s'en repaissaient. Ceci ne regarde que les païens ; mais S. Augustin parle en plusieurs endroits de la coutume qu'avaient les chrétiens, surtout ceux d'Afrique, de porter sur les tombeaux de la viande et du vin, dont on faisait des repas de dévotion, et où l'on invitait les parens, les amis et les pauvres. Ces repas furent défendus par la suite, parce que les chrétiens manquaient rarement de s'y enivrer.

En examinant le récit de la mort des prétendus martyrs du Vampirisme, on découvre tous les symptômes d'un fanatisme épidémique, et l'on voit clairement qu'il faut tout attribuer aux impressions produites par la terreur. Une jeune fille, nommée Stanoska, qui s'était couchée en parfaite santé, se réveille au milieu de la nuit, toute tremblante ; elle pousse des cris affreux, et dit que le fils du heiduque Millo, mort depuis neuf semaines, est venu pour l'étrangler pendant son sommeil. De ce moment elle ne fait plus que languir, et, au bout de trois jours, elle meurt.

Pour quiconque a un peu de philosophie dans l'esprit n'est-il pas évident que ce prétendu Vampirisme est un effet de l'imagination effrayée ? Voilà une fille qui s'éveille, qui dit qu'on a voulu l'étrangler, et qui cependant n'a point été sucée, puisque ses cris ont empêché le Vampire de faire son repas. Apparemment qu'elle ne fut pas non plus sucée dans la suite, puisque sans doute on ne la quitta pas pendant les autres nuits, et que si le Vampire l'eût voulu molester, ses plaintes en eussent averti les assistans : elle meurt pourtant trois jours après. Pour qui connaît de quelles impressions l'imagination est capable, ce trait n'a rien d'étonnant.

En même temps que les Vampires désolaient l'Allemagne, Paris était infesté des convulsionnaires du cimetière Saint-Médard, autres gens que l'imagination ne tuait pas, mais qu'elle rendait fous. Lorsqu'on eut fermé le cimetière qui était le théâtre de leurs jongleries, ils tinrent séances dans les salons et galetas particuliers. Un brave militaire, que rien n'avait jamais étonné, eut la curiosité de les aller voir. Il prit place avec la multitude des spectateurs, et se mit à rire d'abord de la vénération qu'on témoignait aux pieux imbéciles. Un des convulsionnaires, tournant sur lui ses yeux égarés, lui cria d'une voix rauque et solennelle : « Tu ris !... songe que tu mourras dans sept jours. » Le militaire pâlit, et sortit un moment après. Il regagna son logis, l'imagination frappée d'une menace ridicule, qu'il aurait dû mépriser ; il mit ordre à ses affaires, fit son testament, et mourut le septième jour de folie ou de frayeur[2].

Guymond de la Touche eut, dit-on, un sort tout semblable. Il était allé chez un prétendu sorcier dans le dessein de découvrir les ruses qu'il mettait en usage : il accompagnait une grande princesse, qui montra en cette occasion plus de force d'esprit que lui. L'appareil religieux de chaque expérience, le silence des spectateurs, le respect et l'effroi dont quelques-uns étaient saisis commencèrent à le frapper. Dans l'instant que, tout troublé, il regardait attentivement piquer des épingles dans le sein d'une jeune fille, « Vous êtes bien empressé à vous éclaircir de tout ce qu'on fait ici, lui dit-elle ; eh bien ! puisque vous êtes si curieux, apprenez que vous mourrez dans trois jours. » Ces paroles firent sur lui une impression étonnante ; il tomba dans une profonde rêverie ; et cette prédiction, aussi bien que tout ce qu'il avait vu, causa en lui une telle révolution qu'il tomba malade, et mourut en effet au bout de trois jours, en 1760[3].

Ceux qui se sont trouvés dans les villes affligées de la peste savent par expérience à combien de gens la crainte coûte la vie. Dès qu'une personne se trouve attaquée du moindre mal elle se figure qu'elle est atteinte de la maladie épidémique ; et il se fait en elle un si grand mouvement, qu'il est rare qu'elle n'en meure pas. On cite une femme de Marseille qui mourut, pendant la peste de 1720, de la peur qu'elle eut d'une maladie assez légère de sa servante, qu'elle croyait atteinte de l'épidémie, Cette servante ne mourut pas. On pourrait rapporter mille exemples semblables ; mais revenons aux Vampires.

Un vieillard de Kisilova apparaît après sa mort à son fils, lui demande à manger, mange et disparaît. Le lendemain ce fils raconte à ses voisins ce qui lui est arrivé. La nuit suivante le père ne paraît pas ; mais la troisième nuit on trouve le fils mort dans son lit…

Qui pourrait ne pas voir dans cette aventure les marques les plus certaines de la prévention et de la peur. La première fois qu'elles agissent sur l'imagination de ce pauvre jeune homme, tourmenté par un prétendu Vampire, elles ne produisent point leur entier effet, et ne font que disposer son esprit à être plus susceptible de s'en frapper vivement : c'est ce qui ne manqua pas d'arriver.

Remarquons que le mort ne revint pas la nuit où le fils communiqua son rêve à ses amis, parce que, selon toutes les apparences, ceux-ci veillèrent avec lui, et l'empêchèrent de se livrer à ses frayeurs.

> 1. ↑ *Philosophicæ et Christianæ cogitationes de Vampiriis, a Joanne Christophoro Herenbergio.*
> 2. ↑ *Dictionnaire infernal*, au mot *Convulsionnaires*. — Les mêmes esprits faibles, qui mouraient en Allemagne et en Lorraine par la peur des morts Vampires, gambadaient à Paris, et faisaient mille extravagances sur le tombeau du diacre Pâris. La carcasse d'un saint, que Rome a rejeté par la suite, fut apportée à Dijon au $9^e$ siècle. Ceux qui s'approchaient de cette carcasse faisaient des contorsions épouvantables, comme nos convulsionnaires de 1732. On fut obligé de la faire disparaître.
> 3. ↑ Même ouvrage, au mot *Prédictions*.

## CHAPITRE III.

*De quelques causes physiques qui ont pu favoriser le Vampirisme.*

---

Venons maintenant à ces cadavres qu'on a trouvés, dit-on, pleins d'un sang fluide, et dont la barbe, les cheveux et les ongles se sont renouvelés. Avec beaucoup de bienveillance on peut d'abord rabattre les trois quarts de ces prodiges ; et encore faut-il être bien complaisant pour en admettre une petite partie. Tous ceux qui raisonnent connaissent assez combien le crédule vulgaire et même certains historiens sont portés à grossir les choses qui paraissent tant soit peu extraordinaires. Cependant il n'est pas impossible d'en expliquer physiquement la cause.

On sait qu'il y a certains terrains qui sont propres à conserver les corps dans toute leur fraîcheur : les raisons en ont été si souvent expliquées qu'il n'est pas nécessaire de s'y arrêter ici. On montre encore à Toulouse, dans une église de moines, un caveau où les corps restent si parfaitement dans leur entier, qu'il s'en trouvait en 1789 qui étaient là depuis près de deux siècles, et qui paraissaient vivans. On les avait rangés debout, contre la muraille, et ils portaient les vêtemens avec lesquels on les avait enterrés.

Ce qu'il y a de plus singulier, c'est que les corps qu'on met de l'autre côté de ce même caveau deviennent, deux ou trois jours après, la pâture des vers.

Quant à l'accroissement des ongles, des cheveux et de la barbe, on l'aperçoit très-souvent dans plusieurs cadavres. Tandis qu'il reste encore beaucoup d'humidité dans les corps, il n'y a rien de surprenant que pendant un certain temps on voie quelque augmentation dans des parties qui n'exigent pas l'influence des esprits vitaux.

Le *Glaneur* hollandais remarquait en 1733 (N°. IX) que tous les peuples chez lesquels on a vu des Vampires étaient plongés dans la plus épaisse ignorance, extrêmement crédules, et que, s'il se trouvait parmi eux des médecins ou des gens tant soit peu instruits, ils étaient à l'abri des attaques de ces spectres ; enfin que le Vampirisme, terrible dans les villages, n'osait presque jamais se montrer dans les villes ; et il en concluait naturellement que cette épidémie funeste était l'effet des imaginations frappées.

Cette maladie était encore augmentée par la mauvaise nourriture des paysans qui en étaient attaqués. Ces malheureux (serfs de la glèbe pour la plupart, et accablés de toutes les misères) ne mangeaient que du pain fait d'avoine, de racines et d'écorces d'arbres, aliment qui ne peut engendrer qu'un sang grossier, et par conséquent très-disposé à la corruption.

Pour le cri que les Vampires font entendre lorsqu'on leur enfonce le pieu dans le cœur, rien n'est plus naturel. L'air qui se trouve renfermé dans le cadavre, et que l'on en fait sortir avec violence, produit nécessairement ce bruit en passant par la gorge : souvent même les corps morts produisent des sons sans qu'on les touche.

Voici encore une anecdote qui peut expliquer quelques-uns des traits de Vampirisme : le lecteur en tirera les conséquences qui en dérivent naturellement. Cette anecdote a été rapportée dans plusieurs journaux anglais, et particulièrement dans le *Sun* du 22 mai 1802.

Au commencement d'avril de la même année, le nommé Alexandre Anderson, se rendant d'Elgin à Glasgow, éprouva un certain malaise, qui l'obligea d'entrer dans une ferme qui se trouvait sur sa route, pour y prendre un peu de repos. Soit qu'il fût ivre, ou qu'il craignît de se rendre importun, il alla se coucher sous une remise, où il se couvrit de paille, de manière à n'être pas aperçu. Malheureusement, après qu'il fut endormi, les gens de la ferme eurent occasion d'ajouter une assez grande quantité de paille à celle où cet homme se trouvait enseveli. Ce ne fut qu'au bout de cinq semaines qu'on le découvrit dans cette singulière situation. Son corps n'était plus qu'un squelette hideux et décharné ; son esprit était si fort aliéné qu'il ne donnait plus aucun signe d'entendement : il ne pouvait plus faire usage de ses jambes. La paille qui avait environné son corps était réduite en poussière, et celle qui avait avoisiné sa tête paraissait avoir été mâchée.

Lorsqu'on le retira de cette espèce de tombeau, il avait le pouls presque éteint, quoique ses battemens fussent très-rapides, la peau moite et froide, les yeux immobiles, très-ouverts, et le regard étonné.

Après qu'on lui eut fait avaler un peu de vin, il recouvra suffisamment l'usage de ses facultés physiques et intellectuelles, pour dire à une des personnes qui l'interrogeaient que la dernière circonstance qu'il se rappelait était celle où il avait senti qu'on lui jetait de la paille sur le corps ; mais il paraît que, depuis cette époque, il n'avait eu aucune connaissance de sa situation. On suppose qu'il était constamment resté dans un état de délire, occasionné par l'interception de l'air, et par l'odeur de la paille, pendant les cinq semaines qu'il avait ainsi passées, sinon sans respirer, du moins en respirant difficilement ; et sans prendre de nourriture que le peu de substance qu'il put extraire de la paille qui l'environnait, et qu'il eut l'instinct de mâcher.

Cet homme vit peut-être encore. Si sa résurrection eût eu lieu chez des peuples infectés d'idées de Vampirisme, en considérant ses grands yeux, son air égaré, et toutes les circonstances de sa position, on l'eût brûlé avant de lui donner le temps de se reconnaître ; et ce serait un Vampire de plus.

# CHAPITRE IV.

*Des effets de la lune sur les Vampires.*

---

Le culte des astres, qui précéda sans doute tous les autres cultes, attribua à la lune plusieurs influences singulières. Sa lumière douce et mélancolique, sa marche silencieuse, les erreurs bizarres que causent ses rayons incertains, l'espèce de mystère qui environne cette *fille aimable du ciel* fortifia les idées superstitieuses et quelquefois poétiques que les hommes attachèrent à son apparition. Dans le paganisme, chez les musulmans, chez les chrétiens même, ces idées se conservèrent, et elles sont loin d'être détruites.

Une foule de gens vous diront encore que la lune mange les pierres. On appelle toujours *lunatiques* les têtes sujettes à des retours périodiques de folie, et l'on croit vulgairement qu'une femme qui conçoit dans les premiers jours de la lune nouvelle accouche infailliblement d'un garçon ; mais dans le dernier quartier les caresses d'un époux ne peuvent donner qu'une fille.

On s'est trompé également en soumettant les dames à l'empire de la lune dans le retour régulier des signes de la fécondité : on a prétendu aussi faussement que les rayons de la lune (qui n'a aucune chaleur) noircissaient le teint des personnes délicates.

On a dit que la lune protégeait les évocations et toutes les noires opérations des magiciens et des sorciers ; on a même donné aux enchanteurs puissans le pouvoir de faire descendre la lune dans leurs cavernes.

Aussi il y a encore de bons villageois qui, persuadés comme quelques peuples anciens que le disque de la lune n'est guère plus grand que le fond d'une cuve, croient, lorsqu'il se fait une éclipse, qu'un sorcier arrache la lune du ciel, et la force à venir écumer sur l'herbe[1], pour donner à cette herbe des vertus infernales.

Et ce ne sont pas là toutes les calomnies que l'imbécile superstition a imaginées contre l'astre si doux des amours et des tendres méditations, la plupart des peuples ont cru que le lever de la lune était un signal mystérieux auquel les spectres sortaient de leurs tombeaux. Les orientaux content que les Lamies et les Gholes vont déterrer les morts dans les cimetières et faire leurs horribles festins au clair de la lune. Dans certains cantons de l'orient de l'Allemagne on prétendait que les Vampires ne commençaient leurs infestations qu'au lever de la lune, et qu'ils étaient obligés de rentrer en terre au chant du coq.

Mais l'idée la plus extraordinaire, et cette idée fut véritablement adoptée dans quelques villages, c'est que la lune ranimait les Vampires. Ainsi, lorsqu'un de ces spectres, poursuivi dans ses courses nocturnes, était frappé d'une balle ou d'un coup de lance, on pensait qu'il pouvait mourir une seconde fois, mais qu'exposé aux rayons de la lune il reprenait ses forces perdues et le pouvoir de sucer de nouveau les vivans.

Cette opinion horrible, mais romantique, ne fut pas très-répandue : cependant on en a fait un usage assez heureux dans la nouvelle attribuée à Lord Byron. Ruthwen, tué par des brigands, demande qu'on l'expose aux rayons de la lune ; et au bout d'un quart d'heure il est ranimé.

Dans l'affreux mélodrame que cette nouvelle a inspiré, cette scène termine le second acte. Ruthwen meurt frappé d'une balle : on l'expose sur un rocher où la lune lance sa lumière, et il ressuscite…

Néanmoins, en lisant l'histoire du Vampire Harppe et de quelques autres fantômes qui reçurent des coups de lance ou de balle, on ne voit pas que les rayons de la lune aient pu les ranimer…

Mais sans doute il n'est pas nécessaire de s'arrêter plus long-temps sur une matière aussi frivole.

1. ↑
> Et la lune, arrachée à son trône superbe,
> Tremblante et sans couleur, vient écumer, sur l'herbe.
>
> Lucain, traduit par Brébeuf

## CHAPITRE V.

*Des Résurrections miraculeuses et naturelles. — Histoire d'un mort ressuscité par S. Stanislas. — Anecdotes diverses de personnes ressuscitées.*

---

Les résurrections ont fortifié encore la foi aux apparitions, et amené toutes les sortes de spectres. On sait par quels miracles Hippolyte et quelques autres ont eu le bonheur de revivre après avoir *été morts*. Plutarque parle d'un mauvais fripon nommé Thespesius qui se cassa le cou, et mourut : mais après trois jours, comme on allait faire ses funérailles, il éternua, demanda à boire, raconta qu'il venait de faire un petit voyage dans l'autre monde, et vécut depuis en honnête homme, converti qu'il était par la peur de l'enfer.

Un certain Pamilius, tué à la bataille, resta dix jours parmi les morts, et ressuscita lorsqu'on le portait sur le bûcher.

« Toutes les vies des saints sont si pleines de résurrections de morts qu'on en pourrait composer de gros volumes : ces résurrections ont un rapport manifeste avec la matière que nous traitons ici, puisqu'il s'agit de personnes mortes, ou *tenues pour telles*, qui sortent du tombeau en corps et en âme, et apparaissent aux vivans[1]. »

Nous citerons, entre autres histoires, l'aventure de S. Stanislas, évêque de Cracovie, qui ressuscita, si l'on en croit les Bollandistes, un homme mort depuis trois ans. La chose s'est passée en Pologne, où par la suite les Vampires devinrent si communs.

S. Stanislas, ayant acheté d'un gentilhomme nommé Pierre une terre située sur la Vistule, en donna le prix au vendeur, mais sans marché, sans quittance, sans écrit quelconque : il en jouit pendant trois ans sans être tourmenté dans sa possession, quoique les fils du gentilhomme qui avait vendu la terre la réclamassent comme leur bien. Enfin trois ans après la mort de leur père ils citèrent l'évêque devant le roi Boleslas. L'évêque soutint qu'il avait payé la terre ; mais il ne put produire de témoins. Il allait être condamné : aussitôt il s'écria qu'il demandait un délai de trois jours, promettant d'amener devant le roi le gentilhomme même qui lui avait vendu la terre. Toute ridicule qu'était cette proposition, elle fut acceptée.

Le troisième jour S. Stanislas se rend en habits pontificaux, avec tout son clergé, au tombeau de Pierre ; il lui ordonne de sortir et de venir rendre témoignage. Le mort se lève : on lui donne un manteau ; on le conduit au roi. Le spectre, qui était méconnaissable, prend la parole, déclare qu'il a reçu le prix de sa terre, et gourmande ses fils de leur impiété. Stanislas lui demande ensuite s'il veut rester en vie ; mais il répond que non, et retourne en paix à son tombeau[2].

Cet événement aurait dû faire un effet prodigieux sur les Polonais : il paraît cependant que le roi ne s'y laissa pas séduire, ou plutôt qu'il avait le cœur bien endurci, puisque quelque temps après, sans respect pour un saint à miracles, il fit mourir Stanislas comme un séditieux.

On lit un trait pareil à celui-là dans les vies des SS. Pères. On accusait un religieux d'avoir tué un homme riche pour lui prendre une grosse somme d'argent qu'il portait sur lui. L'abbé du couvent se mit en prières, et ordonna au mort de dire la vérité. Le défunt se leva incontinent, proclama l'innocence du religieux, et dit qu'il avait été tué par *un autre* ; sur quoi le saint abbé lui dit : Dormez en paix. Et le mort *s'endormit et mourut.*

S. Augustin raconte qu'un paysan des environs d'Hippone, nommé *Curma,* mourut un matin, et demeura deux ou trois jours *sans sentiment.* Comme on allait l'enterrer, il rouvrit les yeux, et demanda ce qui se passait chez un autre paysan du voisinage, qui comme lui se nommait *Curma* : on lui répondit que ce dernier venait de mourir à l'instant où lui-même était ressuscité. « Cela ne me surprend pas, dit-il ; on s'était trompé sur les noms : on vient de me dire que ce n'était pas Curma le marguiller, mais Curma le maréchal qui devait passer. » Il raconta en même temps qu'il avait vu les enfers ; et il se fit baptiser.

On pense bien que des jongleries de cette sorte, souvent répétées, n'étaient pas faites pour diminuer les croyances superstitieuses. La religion chrétienne, comme toutes les autres religions, se servit des revenans, des résurrections et des apparitions surnaturelles pour avoir des nouvelles de l'enfer, et gouverner par l'épouvante.

Ces moyens ne sont plus de mode dans le siècle où nous vivons, parce que, quand même les morts ressusciteraient après deux ou trois jours de léthargie, on n'y verrait point de miracle. On sait qu'il y a beaucoup de morts apparentes, et l'on reconnaît en gémissant qu'on enterre quelquefois des personnes vivantes : aussi est-il à désirer que la France adopte enfin l'usage d'ouvrir les corps avant de les ensevelir, afin de s'assurer que l'on ne commet pas des homicides.

Le fameux docteur Scot fut enterré vivant à Cologne ; et lorsqu'on eut occasion d'ouvrir son tombeau on trouva qu'il s'était rongé les bras...

Dans le 17$^e$ siècle on fit à Rome les funérailles d'une grande dame, qui reprit le sentiment et la vie pendant qu'on chantait l'office des morts sur son cercueil.

Le médecin Zacchias parle d'un jeune homme qu'on crut mort deux fois, et qui deux fois ressuscita au moment où l'on allait le mettre en terre.

On enterra une femme d'Orléans en lui laissant au doigt une bague précieuse, qu'on ne put retirer. La nuit suivante un domestique ouvrit le tombeau, brisa le cercueil, et voulut couper le doigt qui portait la bague. La défunte poussa aussitôt un grand cri : le valet prit la fuite. La pauvre femme se débarrassa comme elle put, revint chez elle, et survécut à son mari.

Le chirurgien Benard vit tirer du tombeau vivant et respirant un religieux de Saint-François qui y était enfermé depuis trois ou quatre jours, et qui s'était rongé les mains : il mourut aussitôt qu'il eut pris l'air.

La femme d'un conseiller de Cologne ayant été enterrée en 1571 avec une bague de prix, le fossoyeur ouvrit le tombeau pendant la nuit pour avoir la bague : mais la dame, que l'on croyait morte, sortit du cercueil, et alla frapper à la porte de sa maison. On la prit d'abord pour un *fantôme* : on lui ouvrit enfin ; et elle eut depuis trois fils, qui furent gens d'église.

Tout le monde connaît les aventures de François de Civile, qui, blessé au siége de Rouen par Charles IX, fut enterré une demi-journée, abandonné ensuite pendant cinq jours sur un lit où il ne donnait aucun signe de vie, jeté enfin comme mort sur un fumier, et qui revint cependant en santé parfaite.

Dans une grande peste qui désola Dijon, en 1558, une dame, réputée morte de la maladie épidémique, fut jetée dans une fosse avec plusieurs corps morts. Elle revint à elle le lendemain matin, et fit de grands efforts pour sortir ; mais sa faiblesse et le poids des corps dont elle était couverte l'en empêchèrent. Elle demeura quatre jours dans cette situation : alors les enterreurs la ramenèrent chez elle, où elle se rétablit entièrement[3].

On pourrait multiplier les anecdotes de ce genre, qui montrent au moins qu'il peut se trouver des résurrections naturelles. Le charlatanisme s'en est emparé pour en imposer aux crédules esprits, et la superstition en a fait des épouvantails.

1. ↑ D. Calmet, *Dissert. sur les Revenans et Vampires.* IV.
2. ↑ Au 13ᵉ siècle, dans un canton de l'Allemagne, un abbé de moines s'empara de la terre d'un gentilhomme, et publia que ce gentilhomme la lui avait donnée en mourant. Or le gentilhomme n'était point mort ; on l'avait enfermé dans un cachot du couvent, où il languit sept années. Au bout de ce temps, ayant trouvé le moyen de s'échapper, il se remontra, et réclama son bien ; mais on le fit passer pour un spectre. Le peuple et les moines allaient procéder contre lui s'il n'eût pris la fuite. On ne sait ce qu'il devint.
3. ↑ Ces traits sont cités dans la Dissertation de D. Calmet.

# CHAPITRE VI.

*Suite du même sujet.*

---

L'ABBÉ Salin, prieur de Laye-Saint-Christophe en Lorraine, passa pour mort en 1680. Il était déjà dans le cercueil et près d'être enterré lorsqu'il fut ressuscité par un de ses amis, qui lui fit avaler un verre de vin de Champagne : il *remourut* quatorze ans plus tard. Dans un siècle ou dans un pays un peu plus barbare, c'eût été un grand miracle, et peut-être en fut-ce un pour les Lorrains, qui, quelques années après, furent aussi infestés de Vampires.

Nous dirons encore un mot des résurrections miraculeuses, qui sont citées dans des auteurs anciens, et qui se sont passées dans des temps reculés où nous ne pouvons chercher de preuves. Pline parle, dans le septième livre de son Histoire naturelle, d'un jeune homme qui, s'étant endormi dans une caverne, y demeura quarante ans sans s'éveiller. Nos légendes rapportent l'histoire des sept dormans, qui dormirent de même pendant cent cinquante ans. Le philosophe Epiménides dormit aussi quarante, ou quarante-sept, ou cinquante-sept ans, car les historiens ne sont pas d'accord.

Les chrétiens pensent qu'Énoch et Élie sont encore vivants : plusieurs croient même que S. Jean l'évangéliste n'est pas mort, mais qu'il vit toujours dans son tombeau, comme les Vampires.

Clément d'Alexandrie raconte, après Platon, qu'Er, fils de Zoroastre, ressuscita douze jours après que son corps avait été brûlé sur un bûcher. Phlégon dit qu'un soldat syrien de l'armée d'Antiochus, après avoir été tué aux Thermopyles, parut en plein jour au camp des Romains, et parla à plusieurs personnes : on pourrait croire qu'il n'avait pas été bien tué.

On trouve encore dans Pline un petit trait qui a quelque rapport au Vampirisme. On sait que Cardan, S. Paul et une foule d'autres se sont vantés de faire voyager leur âme sans que le corps fût de la partie. L'âme d'Hermotime de Clazomène s'absentait de son corps lorsqu'il le voulait, parcourait des pays éloignés, et racontait à son retour des choses surprenantes. Apparemment que cette âme faisait aussi de mauvais tours ; car Hermotime se fit des ennemis. Un jour que son âme allait en course, et que son corps, sans donner aucun signe de vie, était comme de coutume tout à fait semblable à un cadavre mort, les ennemis d'Hermotime brûlèrent ce corps, et ôtèrent ainsi à l'âme le moyen de revenir loger dans son étui.

On a remarqué, à propos des résurrections miraculeuses, que les ressuscités devraient rapporter des nouvelles de l'autre monde, ce qu'ils ne font pas, au lieu de tourmenter les vivans, ce qui est assez inutile.

Jamais les revenans et les Vampires n'ont rien dit de ce qui leur était arrivé depuis l'instant de leur mort. Lazare même, ni le fils de la veuve de Naïm, que Jésus-Christ a ressuscités, ni les morts qui se promenèrent dans les rues de Jérusalem quand le Sauveur expira sur la croix, n'ont rien découvert aux hommes de l'état des âmes dans l'autre vie ; et si quelques prétendus revenans en ont dit quelques absurdités, ils l'ont fait dans le sens et dans l'intérêt de leur religion. Les païens ont parlé de Pluton, de Minos, des Parques, des Furies : les chrétiens parlent du diable, des chaudières bouillantes, et des âmes bienheureuses qui passent l'éternité à chanter *hosanna*.

Quelques résurrections naturelles ont pu faire croire aux retours miraculeux. Dès-lors ce ne sont plus seulement des esprits qui reviennent, ce sont quelquefois des revenans en corps et en âme qu'un démon ressuscite et renvoie pour un temps parmi les vivans : que ces revenans matériels soient mauvais, ce sont des Vampires.

# CHAPITRE VII.

*De ce qu'il faut croire des Vampires. — Conclusion.*

---

Il peut se faire encore que dans les pays infestés depuis par les Vampires on ait enterré quelque personne vivante, et que cette personne ait trouvé moyen de sortir de son sépulcre. Ce prétendu fantôme se sera montré à sa famille, qui en aura été effrayée, et n'aura pas voulu le recevoir : les amis et tout le village auront éprouvé les mêmes sensations et tenu la même conduite. Les importunités du malheureux spectre en font dès-lors tout ce qu'on veut.

Que quelqu'un de ceux qui ont reçu les visites meure de peur ou autrement, voilà tout le pays troublé par une contagion superstitieuse.

En convenant qu'on a exagéré les histoires de Vampires tous les sages écrivains pensent que s'il y en a eu un sur dix qui soit réellement revenu, c'était un homme enterré vivant dans une léthargie.

D. Calmet examine si les Vampires n'avaient pas la faculté de vivre dans leurs cercueils, quoique sans mouvement et sans respiration ; et il ajoute que ce n'est pas cette difficulté qui l'arrête, « c'est de savoir comment ils sortent de leurs tombeaux, comment ils y rentrent sans qu'il paraisse qu'ils aient remué la terre et qu'ils l'aient remise en son premier état ; comment il se fait qu'ils mangent leurs habits, et que cependant ils se montrent toujours habillés ; pourquoi, s'ils ne sont pas morts, ne demeurent-ils pas parmi les vivans ? pourquoi sucent-ils le sang de leurs parens ? pourquoi infester et fatiguer des personnes qui doivent leur être chères, et qui ne les ont pas offensés ? Si tout cela n'est qu'imagination de la part de ceux qui sont molestés, d'où vient que ces Vampires se trouvent dans leurs tombeaux sans corruption et pleins de sang ; qu'ils ont les pieds crottés le lendemain du jour qu'ils ont couru et effrayé les gens du voisinage ? d'où vient qu'on ne remarque rien de pareil aux autres cadavres enterrés dans le même temps, dans le même cimetière ? d'où vient qu'ils ne reviennent plus et n'infestent plus quand on les a brûlés ou empalés ? »

Il ne faut pas s'étonner de toutes cette gradation de prodiges. Du moment où l'on voulut bien croire aux Vampires on fut obligé de bâtir leur histoire. Nous ne les connaissons que de loin ; et de mille aventures qu'on pourrait conter sur ces spectres à peine en trouverait-on dix qui aient un peu plus de fondement que les contes des Mille et une Nuits.

Louis XV, voulant savoir la vérité de tous ces faits extraordinaires, ordonna au fameux duc de Richelieu, alors son ambassadeur à Vienne en Autriche, d'examiner exactement les choses, de voir les procès-verbaux, et de lui en rendre compte. Le duc se fit instruire de tout avec exactitude, et il répondit au roi que rien ne paraissait plus certain que ce qu'on publiait des Vampires de Hongrie.

Les philosophes ne se contentèrent pas de cette réponse ; ils observèrent que le duc de Richelieu avait pris ses informations loin du théâtre du Vampirisme : le roi ordonna à son ambassadeur de se transporter sur les lieux où les Vampires exerçaient leurs ravages, et de voir tout par lui-même. Le duc obéit ; et il trouva que tout ce que l'on racontait de ces spectres était généralement l'effet de l'imagination et de la prévention.

On voit à quoi tiennent les certitudes historiques. Si l'on s'était contenté des informations faites de loin, les partisans du Vampirisme s'appuieraient de ces preuves *irrécusables*, qui n'étaient que des rapports mensongers et des bruits populaires.

D. Calmet, qui était au moins de bonne foi dans sa théologie, et qui rapportait en même temps tout ce qu'il savait pour et contre les Vampires, parle d'une lettre qui lui fut écrite, le 3 février 1745, par le R. P. Sliwiski, visiteur de la province des Pères de la mission de Pologne. Ce sage prêtre avait eu le dessein d'écrire des mémoires sur les Vampires ; mais ses occupations l'en empêchèrent.

Il dit dans sa lettre qu'on doit retrouver dans les registres de la Sorbonne, de l'an 1700 à l'an 1710, deux résolutions qui défendent formellement de couper la tête et de brûler le corps des Vampires. Il paraîtrait, par ces résolutions, que la Sorbonne n'admettait pas cette sorte de spectres, moins *crédule* malgré son caractère que certains hommes de notre siècle, qui ne peuvent même pas couvrir leur imbécillité de la soutane ecclésiastique.

Le P. Sliwiski disait encore qu'en Pologne on était si persuadé de l'existence des Vampires, qu'on regardait presque comme hérétiques ceux qui osaient en douter. On rapportait des faits que l'on disait incontestables, et l'on citait pour cela une foule de témoins.

« Je me suis donné la peine d'aller jusqu'à la source, ajoute ce prêtre judicieux ; j'ai voulu examiner ceux qu'on citait pour témoins oculaires ; il s'est trouvé qu'il n'y a eu personne qui osât affirmer d'avoir vu les faits dont il s'agissait, et que ces faits n'étaient que de pures rêveries et des imaginations causées par la peur et par des rapports sans fondement. »

Concluons que toutes ces histoires de fantômes, de revenans, de spectres, de démons, de Stryges, de Broucolaques, de Vampires, méritent plus d'attention que les aventures prodigieuses des Mille et une Nuits et les Contes de ma Mère l'Oie ; mais tout esprit sensé n'ajoutera pas plus de foi à ces *Histoires* qu'à ces Contes.

# ARTICLE DE VOLTAIRE SUR LE VAMPIRISME

,

TIRÉ DU DICTIONNAIRE PHILOSOPHIQUE.

---

Quoi ! c'est dans notre 18ᵉ siècle qu'il y a eu des Vampires ! c'est après le règne des Locke, des Shaftesbury, des Tranchard, des Collins ; c'est sous le règne des d'Alembert, des Diderot, des Saint-Lambert, des Duclos qu'on a cru aux Vampires, et que le R. P. D. Augustin Calmet, prêtre, bénédictin de la congrégation de Saint-Vannes et de Saint-Hidulphe abbé de Sénone, abbaye de cent mille livres de rente, voisine de deux autres abbayes du même revenu, a imprimé et réimprimé l'Histoire des Vampires, avec l'approbation, de la Sorbonne, signée *Marcilli* !

Ces Vampires étaient des morts qui sortaient la nuit de leurs cimetières pour venir sucer le sang des vivans, soit à la gorge ou au ventre ; après quoi ils allaient se remettre dans leurs fosses. Les vivans sucés maigrissaient, pâlissaient, tombaient en consomption ; et les morts suceurs engraissaient, prenaient des couleurs vermeilles, étaient tout à fait appétissans. C'était en Pologne, en Hongrie, en

Silésie, en Moravie, en Autriche, en Lorraine que les morts faisaient cette bonne chère. On n'entendait point parler de Vampires à Londres, ni même à Paris. J'avoue que dans ces deux villes il y eut des agioteurs, des traitans, des gens d'affaires, qui sucèrent en plein jour le sang du peuple ; mais ils n'étaient point morts, quoique corrompus. Ces suceurs véritables ne demeuraient pas dans des cimetières, mais dans des palais fort agréables.

Qui croirait que la mode des Vampires nous vint de la Grèce ! ce n'est pas de la Grèce d'Alexandre, d'Aristote, de Platon, d'Épicure, de Démosthènes, mais de la Grèce chrétienne, malheureusement schismatique.

Depuis long-temps les chrétiens du rit grec s'imaginent que les corps des chrétiens du rit latin enterrés en Grèce ne pourrissent point, parce qu'ils sont excommuniés. C'est précisément le contraire de nous autres chrétiens du rit latin : nous croyons que les corps qui ne se corrompent point sont marqués du sceau de la béatitude éternelle ; et dès qu'on a payé cent mille écus à Rome pour leur faire donner un brevet de saint, nous les adorons de l'adoration de dulie.

Les Grecs sont persuadés que ces morts sont sorciers ; ils les appellent *broucolacas* ou *vroucolacas*, selon qu'ils prononcent la seconde lettre de l'alphabet. Ces morts grecs vont dans les maisons sucer le sang des petits enfans, manger le souper des pères et mères, boire leur vin et casser tous les meubles : on ne peut les mettre à la raison qu'en les brûlant quand on les attrape ; mais il faut avoir la précaution de ne les mettre au feu qu'après leur avoir arraché le cœur, que l'on brûle à part.

Le célèbre Tournefort, envoyé dans le Levant par Louis XIV, ainsi que tant d'autres virtuoses[1], fut témoin de tous les tours attribués à un de ces Broucolacas, et de cette cérémonie.

Après la médisance rien ne se communique plus promptement que la superstition, le fanatisme, le sortilége et les contes de revenans. Il y eut des Broucolacas en Valachie, en Moldavie, et bientôt chez les Polonais, lesquels sont du rit romain : cette superstition leur manquait ; elle alla dans tout l'orient de l'Allemagne. On n'entendit plus parler que de Vampires depuis 1730 jusqu'en 1735 : on les guetta, on leur arracha le cœur et on les brûla : ils ressemblaient aux anciens martyrs ; plus on en brûlait, plus il s'en trouvait.

Calmet enfin devint leur historiographe, et traita les Vampires comme il avait traité l'ancien et le nouveau Testament, en rapportant fidèlement tout ce qui avait été dit avant lui.

C'est une chose à mon gré très-curieuse que les procès-verbaux faits juridiquement concernant tous les morts qui étaient sortis de leurs tombeaux pour venir sucer les petits garçons et les petites filles de leur voisinage. Calmet rapporte qu'en Hongrie deux officiers délégués par l'empereur Charles VI, assistés du bailli du lieu et du bourreau, allèrent faire enquête d'un Vampire, mort depuis six semaines, qui suçait tout le voisinage. On le trouva dans sa bière, frais, gaillard, les yeux ouverts, et demandant à manger. Le bailli rendit sa sentence : le bourreau arracha le cœur au Vampire et le brûla ; après quoi le Vampire ne mangea plus.

Qu'on ose douter après cela des morts ressuscités dont nos anciennes légendes sont remplies, et de tous les miracles rapportés par Bollandus, et par le sincère et révérend D. Ruinart !

Vous trouvez des histoires de Vampires jusque dans les Lettres juives de ce d'Argens que les jésuites, auteurs du journal de Trévoux, ont accusé de ne rien croire. Il faut voir comme ils triomphèrent de l'Histoire du Vampire de Hongrie ; comme ils remerciaient Dieu et la Vierge d'avoir enfin converti ce pauvre d'Argens, chambellan d'un roi qui ne croyait point aux Vampires.

Voilà donc, disaient-ils, ce fameux incrédule qui a osé jeter des doutes sur l'apparition de l'ange à la sainte Vierge, sur l'étoile qui conduisit les mages, sur la guérison des possédés, sur la submersion de deux mille cochons dans un lac, sur une éclipse de soleil en pleine lune, sur la résurrection des morts qui se promenèrent dans Jérusalem ; son cœur s'est amolli ; son esprit s'est éclairé ; il croit aux Vampires.

Il ne fut plus question alors que d'examiner si tous ces morts étaient ressuscités de leur propre vertu, ou par la puissance de Dieu, ou par celle du diable. Plusieurs grands théologiens de Lorraine, de Moravie et de Hongrie, étalèrent leurs opinions et leur science : on rapporta tout ce que S. Augustin, S. Ambroise et tant d'autres saints avaient dit de plus inintelligible sur les vivans et sur les morts ; on rapporta tous les miracles de S. Étienne qu'on trouve au septième livre des œuvres de S. Augustin : voici un des plus curieux. Un jeune homme fut écrasé dans la ville d'Aubzal en Afrique, sous les ruines d'une muraille : la veuve alla sur-le-champ invoquer S. Étienne, à qui elle était très-dévote. S. Étienne le ressuscita. On lui demanda ce qu'il avait vu dans l'autre monde : Messieurs, dit-il, quand mon âme eut quitté mon corps, elle rencontra une infinité d'âmes qui lui faisaient plus de questions sur ce monde-ci que vous ne m'en faites sur l'autre. J'allais je ne sais où lorsque j'ai rencontré S. Étienne qui m'a dit : Rendez ce que vous avez reçu. Je lui ai répondu : Que voulez-vous que je vous rende ? vous ne m'avez jamais rien donné. Il m'a répété trois fois : Rendez ce que vous avez reçu. Alors j'ai compris qu'il voulait parler du *credo* : je lui ai récité mon *credo*, et soudain il m'a ressuscité.

On cita surtout les histoires rapportées par Sulpice Sévère dans la vie de S. Martin. On prouva que S. Martin avait entre autres ressuscité un damné.

Mais toutes ces histoires, quelque vraies qu'elles puissent être, n'avaient rien de commun avec les Vampires qui allaient sucer le sang de leurs voisins, et venaient ensuite se replacer dans leurs bières. On chercha si on ne trouverait pas dans l'ancien Testament ou dans la Mythologie quelque Vampire qu'on put donner pour exemple : on n'en trouva point ; mais il fut prouvé que les morts buvaient et mangeaient, puisque chez tant de nations anciennes on mettait des vivres sur leurs tombeaux.

La difficulté était de savoir si c'était l'âme ou le corps du mort qui mangeait : il fut décidé que c'était l'un et l'autre. Les mets délicats et peu substantiels, comme les meringues, la crème fouettée et les fruits fondans, étaient pour l'âme ; les ros-bif étaient pour le corps.

Les rois de Perse furent, dit-on, les premiers qui se firent servir à manger après leur mort. Presque tous les rois d'aujourd'hui les imitent ; mais ce sont les moines qui mangent leur dîner et leur souper, et qui boivent le vin : ainsi les rois ne sont pas, à proprement parler, des Vampires ; les vrais Vampires sont les moines, qui mangent aux dépens des rois et des peuples.

Il est bien vrai que S. Stanislas, qui avait acheté une terre considérable d'un gentilhomme polonais, et qui ne l'avait point payée, étant poursuivi devant le roi Boleslas par les héritiers, ressuscita le gentilhomme ; mais ce fut uniquement pour se faire donner quittance ; et il n'est point dit qu'il ait donné seulement un pot de vin au vendeur, lequel s'en retourna dans l'autre monde sans avoir ni bu ni mangé.

On agite ensuite la grande question si l'on peut absoudre un Vampire qui est mort excommunié : cela va plus au fait.

Je ne suis pas assez profond dans la théologie pour dire mon avis sur cet article ; mais je serais volontiers pour l'absolution, parce que dans toutes les affaires douteuses il faut toujours prendre le parti le plus doux.

*Odia restringenda, favores ampliandi.*

Le résultat de tout ceci est qu'une grande partie de l'Europe a été infestée de Vampires pendant cinq ou six ans, et qu'il n'y en a plus que nous avons eu de convulsionnaires en France pendant plus de vingt ans, et qu'il n'y en a plus ; que nous avons eu des possédés pendant dix-sept cents ans, et qu'il n'y en a plus ; qu'on a toujours ressuscité des morts depuis Hippolyte, et qu'on n'en ressuscite plus ; que nous avons eu des jésuites en Espagne, au Portugal, en France, dans les Deux-Siciles, et que nous n'en avons plus.

1. ↑ Tournefort, t. I, p. 155 et suiv.

# DE QUELQUES NOUVEAUTÉS SUR LES VAMPIRES,

## LES SPECTRES, LES LOUPS-GAROUX,
### ETC., ETC. [1]

**Byron.** — *Le Vampire*, nouvelle traduite de l'anglais de lord Byron, par H. Faber, 1819, *in*-8°. Chez Chaumerot jeune. 1 fr. 50.

Cette nouvelle, publiée sous le nom de lord Byron, ne paraît pas être l'ouvrage de ce poète célèbre, qui l'a désavoué dans plusieurs journaux : on y reconnaît un peu son genre ; mais ce n'est pas son génie. Quel que soit l'auteur de cette production effrayante, il n'a point suivi les idées populaires sur les Vampires ; il a fait de son Ruthwen un spectre qui voyage, qui fréquente les sociétés, qui séduit les jeunes filles, et qui se marie pour sucer sa femme. Les Vampires de Moravie étaient bien plus redoutés ; mais ils avaient moins de puissance. Celui-ci est aimable, séduisant, et quoiqu'il ait l'œil *gris-mort*, il fait des conquêtes... On peut reprocher à l'auteur de cette nouvelle d'avoir mis à la mode des choses qu'il fallait laisser dans l'oubli.

**Collin de Plancy.** — *Dictionnaire infernal*, ou Recherches et anecdotes sur les Démons, les Esprits, les Fantômes, les Spectres, les Revenans, les Loups-garoux, les Possédés, les Sorciers, le Sabbat, les Magiciens, les Salamandres, les Sylphes, les Gnomes, etc. ; les Visions, les

Songes, les Prodiges, les Charmes, les Maléfices, les Secrets merveilleux, les Talismans, etc. ; en un mot, sur tout ce qui tient aux apparitions, à la magie, au commerce de l'enfer, aux divinations, aux sciences secrètes, aux superstitions, aux choses mystérieuses et surnaturelles, etc., etc. ; par J. A. S. Collin de Plancy, 1818, 2 vol. in-8° ; figures, chez Mongie aîné.

Cet ouvrage publié contre toutes les superstitions, présente une foule d'anecdotes sur les fantômes, les revenans, les loups-garoux, les spectres malfaisans, etc. Nous en avons fait usage dans plusieurs chapitres de ce volume. L'auteur n'a donné que quatre ou cinq pages sur les Vampires, qu'il a considérés trop légèrement. Il s'est trompé, en supposant que les aventures du Vampirisme n'étaient pour la plupart que des contes imaginés à loisir : ces contes ont eu en général quelque fondement naturel, comme nous l'avons montré dans notre troisième partie.

*Le Diable peint par lui-même,* ou Galerie de petits romans, de contes bizarres, d'anecdotes prodigieuses sur les aventures des démons, les traits qui les caractérisent, leurs bonnes qualités et leurs infortunes, les bons mots et les réponses singulières qu'on leur attribue ; leurs amours et les services qu'ils ont pu rendre aux mortels, etc. Extrait et traduit des démonomanes, des théologiens, des légendes et des diverses chroniques du sombre empire ; par J. A. S. Collin de Plancy, 1819, *in*-8°, fig. Chez Mongie aîné, Prix : 6 fr.

On trouve beaucoup d'anecdotes et de petits contes divertissans sur la matière des apparitions et les actions diverses des esprits dans les chapitres V et VIII, espiègleries et malices de quelques démons ; VII, honnêtes actions du diable ; IX, le diable et S. Dominique ; X, mésaventures et faiblesses des démons ; XI, petites leçons et châtimens divers infligés par le diable ; XIII, de ceux qui ont eu le cou tordu par le diable ; de ceux que le diable a emportés, etc. ; XII et XIV, la mort de Rodrigue et de Julien l'apostat ; XVII, de ceux qui nous ont rapporté des nouvelles de l'enfer ; XX, des amours des démons avec les mortels ; XXI, le diable pris par le nez ; XXIV, contre ceux qui ne veulent pas croire aux diables ; XXVI, la fausse princesse, mélodrame ; XXX, le diable à confesse, etc. Ce singulier ouvrage, inspiré par la gaîté, selon la Revue Encyclopédique[2] nous a fourni plusieurs citations.

**Désaugiers.** — *Cadet Buteux au Vampire*, ou Relation véridique du prologue et des trois actes de cet épouvantable mélodrame, écrite sous la dictée de ce passeux du Gros-Caillou par son secrétaire Désaugiers. 1820, in-8°. Chez Rosa. Prix : 1 fr. 25 c.

C'est un pot-pourri moins ingénieux sans doute que celui de la Vestale, mais plein de traits piquans, qui offre une critique agréable de la monstrueuse pièce de M. Nodier.

**Explication de l'Apocalypse**, publiée il y a deux ou trois ans chez Leclerc ; *in*-8°. On veut prouver dans cette rapsodie que l'antéchrist a paru avec tous ses démons, et que le monde touche à sa fin.

FANTASMAGORIANA, ou nouvelles sur les apparitions, les spectres, etc. 2 vol. *in*-12. Chez Lerouge. Prix, 5 fr. ; publié vers 1810.

On a donné ces deux volumes comme une traduction de l'Allemand. Les nouvelles qui les composent sont en général intéressantes et passablement écrites. On y remarque quelques spectres qui sont un peu Vampires. L'auteur y a inséré l'histoire de ce fameux barbier qui revint pendant trois cents ans raser les gens qui entraient dans un certain château ; il ne fut délivré de sa pénitence que lorsqu'un chevalier plus hardi se fut avisé de raser à son tour le fantôme lui-même. On observera là-dessus que dans ce conte populaire le barbier revint en chair et en os. Les dernières nouvelles du fantasmagoriana se dénouent de manière à expliquer les apparitions. Cet ouvrage méritait quelque succès, et il aurait fait fortune si on lui eût donné un titre mieux choisi.

FIARD. — *Lettres philosophiques sur la magie* ; in-8°. — *La France trompée par les magiciens et démonolatres du 18$^e$ siècle. in*-8°, publiées à la fin du dernier siècle, et au commencement de celui-ci, par l'abbé Fiard, ex-jésuite.

Rien de plus extravagant que ces deux volumes, dignes du 10$^e$ siècle. L'auteur soutient que Cagliostro, Mesmer, Saint-Gilles étaient des sorciers ; il met dans la même liste les Robertson, les Oliviers, les Comte, tous les physiciens, tous les escamoteurs : il s'indigne contre la fantasmagorie, qu'il regarde comme une œuvre de Satan, parce qu'elle éclaircit certaines fraudes pieuses du vieux temps ; il prétend que tous les philosophes sont des démons ou des spectres incarnés ; que le diable seul a fait l'encyclopédie et la révolution, etc. etc.

**GABRIELLE DE P.** — *Histoire des fantômes et des démons qui se sont montrés parmi les hommes,* ou choix d'anecdotes et de contes, de faits merveilleux, de traits bizarres, d'aventures extraordinaires sur les revenans, les fantômes, les lutins, les démons, les spectres, les Vampires et les apparitions diverses. Par M$^{me}$ Gabrielle de P. 1819. *in*-12. Chez Locard. Prix, 2 fr. 50 c.

Ce recueil, fait avec discernement, et assez soigneusement écrit, se compose d'une centaine d'histoires sur les divers genres d'apparitions. L'auteur s'est proposé de détruire la croyance aux spectres, aux Vampires et à toute espèce de fantômes, en terminant son volume par une série d'historiettes dont le dénoûment montre quel cas on doit faire des contes de revenans. Nous avons consulté quelquefois l'*Histoire des Fantômes.*

***Démoniana****,* ou nouveaux choix d'anecdotes surprenantes, de nouvelles prodigieuses, d'aventures bizarres sur les revenans, les spectres, les fantômes, les démons, les loups-garoux, les visions, etc. Ouvrage propre à rassurer les imaginations timorées contre les frayeurs superstitieuses ; par M^me Gabrielle de P. 1820 ; *in*-18, fig. Chez Locard. Prix, 1 fr. 25.

L'auteur a suivi plus constamment encore dans ce nouveau recueil le but utile et louable d'éclairer le vulgaire sur les apparitions. Il y a dans le *Démoniana* quelques contes d'imagination, et beaucoup d'anecdotes fort gaies, qui toutes expliquent comment il n'y a rien de merveilleux dans des faits qui paraissent des prodiges évidens.

GARINET. — *Histoire de la magie en France*, depuis le commencement de la monarchie, jusqu'à nos jours, Par M. Jules Garinet. 1818 ; *in*-8°. Chez Lecointe et Durey. Prix, 5 fr.

Parmi la multitude d'anecdotes qui composent cet ouvrage il s'en trouve un assez grand nombre sur les loups-garoux et les spectres malfaisans : nous avons cité les plus saillantes lorsqu'elles entraient dans l'économie de l'*Histoire des Vampires*. Nous renvoyons le lecteur au livre même qui contient des aperçus philosophiques et une foule de traits amusans.

HISTOIRE DES REVENANS, ou prétendus tels, etc., sans nom d'auteur. Deux vol. *in*-12, publiés il y a cinq ou six ans chez Barba. Prix, 4 fr.

C'est une mauvaise compilation, sans but, sans ordre, sans goût et sans mérite. On l'a faite, comme on dit, avec des ciseaux.

**LE LIVRE DES PRODIGES**, ou recueil d'anecdotes sur les revenans, les spectres, etc., publié vers le même temps, sans nom d'auteur, *in*-18. Prix, 1 fr. Compilation aussi plate que la précédente.

**MERCIER**. — *Songes philosophiques*. On y trouve deux ou trois songes qui roulent sur les Vampires.

**MILLE ET UN SOUVENIRS**, ou les veillées conjugales. 1819. Cinq vol. *in*-12.

Cet ouvrage est généralement écrit d'un style insipide ; mais il contient quelques morceaux singuliers. On peut lire dans le quatrième volume cinq ou six contes de spectres, dont le plus remarquable est celui d'un revenant qui parait en corps et en âme devant la justice pour témoigner contre ses assassins.

**NODIER**. — *Le Vampire*, mélodrame en trois actes avec un prologue ; par MM. Charles Nodier, et Carmouche[3], représenté pour la première fois, à Paris, sur le théâtre de la Porte Saint-Martin, le 13 juin 1820 ; *in*-8º. Prix : 1 fr. 25 c.

On s'étonnera long-temps que le gouvernement, avec sa prudence, ait permis la représentation de cette pièce hideuse et immorale. Le prologue et le dénoûment donnent pour toute punition aux Vampires, après tous leurs crimes, *le néant...* ; ce qui est contraire à toutes les religions. Dans la dernière scène du second acte, le Vampire Ruthwen veut violer ou sucer dans les coulisses une jeune fiancée qui fuit devant lui sur le théâtre : cette situation est-elle morale ?... Toute la pièce représente indirectement Dieu comme un être faible ou odieux qui abandonne le monde aux génies de l'enfer. Le résultat de ce mélodrame c'est que les dames en sortent malades ou avec l'imagination troublée.

**Le Vampire** de MM. Scribe et Mélesville, représenté au Vaudeville, le 15 juin 1820, est au contraire une jolie comédie qui peut délasser de l'horreur qu'on éprouve au mélodrame. Ce Vampire est un jeune homme que l'on croit mort en prison depuis six mois, tué à la bataille depuis six semaines, pendu depuis quinze jours ; etc., qui reparaît pourtant, et profite du bruit de sa mort pour éprouver sa maîtresse.

**Les trois Vampires** des Variétés sont une débauche de MM. Brazier, Gabriel et Armand. Le Vampire La Rose est employé dans les contributions, le Vampire Le Doux est fils d'un huissier, le Vampire La Sonde est commis aux barrières. Ces trois Vampires effraient M. Gobe-Tout, dans le jardin de qui ils se montrent la nuit, et dont ils finissent par épouser les filles et la servante.

**Lord Ruthwen**, ou les Vampires, roman de C. B., *publié* par M. Charles Nodier, auteur de Jean Sbogar et de Thérèse Aubert. Deux vol. *in*-12. 1820. Chez Ladvocat. Prix, 5 fr.

M. Nodier a désavoué ce roman plein de pathos, qui paraît en effet n'être point son ouvrage. On n'y retrouve ni son style, ni sa chaleur ; mais c'est bien le genre noir, romantique, terrible, que l'on offre maintenant à nos dames. Au reste l'auteur de lord Ruthwen a prétendu donner, dans ses deux volumes, la continuation de la nouvelle attribuée à lord Byron.

**Ombres sanglantes** (les) — *Galerie funèbre* de prodiges, événemens merveilleux, apparitions nocturnes, songes épouvantables, délits mystérieux, phénomènes terribles, forfaits historiques, cadavres *mobiles*, têtes ensanglantées et *animées*, vengeances atroces et combinaisons du crime, *puisés dans des sources réelles*. Recueil propre à causer *les fortes émotions de la terreur*. 1820. Deux vol. *in*-12. Fig. Chez M$^{me}$ Lepetit. Prix, 5 fr.

Le titre seul de cette dégoûtante production nous dispense d'en dire davantage.

**Précurseurs de l'Antéchrist** (les). Volume *in*-8° publié il a quelques années à Lyon, chez Rusand, par un élève de l'abbé Fiard. On montre dans ce fatras que les philosophes du dernier siècle, les encyclopédistes et les révolutionnaires sont des démons incarnés pour précéder l'antéchrist, et lui préparer les voies.

**Révélations de sœur Nativité**, 2ᵉ édition, 1820. Trois vol. *in*-12. Chez Beaussé-Rusand. Prix, 12 fr.

Même rapsodie que le précédent ouvrage. Sœur Nativité prédit la révolution qui est passée, va en enfer, et recommande de payer la dîme si on ne veut pas être mangé par le diable.

**Romans d'Anne Radcliff.** — Tout le monde connaît ces horreurs auprès desquelles on peut ranger *le Moine*, de Lewis, etc. etc.

**Saint-Albin.** — *Les contes noirs*, ou les frayeurs populaires, nouvelles, contes, aventures merveilleuses, bizarres et singulières, anecdotes inédites, etc., sur les apparitions, les diables, les spectres, les revenans, etc. ; par J. S. C. Saint-Albin ; 1820. Deux vol. *in*-12. Chez Mongie aîné, Prix, 5 fr.

Il y a dans ces deux volumes des nouvelles aussi effrayantes pour le moins que les romans d'Anne Radcliff ; mais elles sont entremêlées de contes divertissans. On y trouve aussi plusieurs spectres à qui il ne manque que le nom de Vampires.

**Salgues.** — *Des erreurs et des préjugés répandus dans les diverses classes de la société* ; par J. B. Salgues. 3ᵉ édition. 1818. Trois vol. *in*-8°. Chez M^me Lepetit. Prix, 21 fr.

Cet ouvrage offre beaucoup de bonnes choses contre les préjugés et les superstitions ; mais l'auteur n'a pas assez insisté sur la fausseté des apparitions de fantômes, dont la croyance est si dangereuse, tandis que *la plupart* des préjugés ne sont que ridicules. On a lieu surtout de s'étonner que dans trois volumes, chacun d'environ 600 pages, M. Salgues n'ait consacré qu'un seul alinéa de dix-sept lignes aux Vampires. (Pag. 303 du tome I^er).

SIMONNET. — *Réalité de la magie et des apparitions*, ou *Contre-poison du Dictionnaire infernal*. Ouvrage dans lequel on prouve, par une multitude de faits et d'anecdotes authentiques, et par une foule d'autorités incontestables, l'existence des sorciers, la certitude des apparitions, la foi due aux miracles, la vérité des possessions, etc. etc. ; précédé d'une histoire très-précise de la magie considérée sous son véritable point de vue ; le tout propre à démontrer combien la France est encore trompée par l'auteur du dictionnaire infernal. 1819 ; *in*-8°. Chez Brajeux et Mongie aîné. Prix, 5fr.

Nous avons parlé de ce volume dans la première partie de l'Histoire des Vampires, au *chapitre des Loups-Garoux*.

SPECTRIANA, ou recueil d'histoires et d'aventures surprenantes, merveilleuses et remarquables, de spectres, revenans, esprits, fantômes, diables et démons ; manuscrit trouvé dans les catacombes. 1817 ; *in*-18. Chez Lécrivain. Prix, 1 fr.

Compilation faite à coups de ciseaux, avec les dissertations de D. Calmet sur les revenans, le Livre des prodiges, l'Histoire des revenans ou prétendus tels, et le Recueil de dissertations de Lenglet-Dufresnoy.

SUPERSTITIONS ET DÉMONOLÂTRIE DES PHILOSOPHES ; *in*-12 publié vers 1816, chez Rusand, à Lyon, pour apprendre aux fidèles à se défier des philosophes et athées, qui adorent le diable, et vont au sabbat avec les sorcières...

Sans parler de la multitude d'ouvrages que les derniers siècles ont produits sur ces matières, nous pourrions en citer beaucoup encore qui datent du siècle où nous vivons ; mais nous craindrions de fatiguer le lecteur, et nous n'avons voulu nous arrêter que sur les plus répandus.

Nous souhaitons en terminant que les hommes qui ont quelques lumières les emploient enfin de concert à dissiper les terreurs nocturnes, et à rendre aux esprits encore faibles cette paix et cette assurance intérieures sans lesquelles on est si malheureux.

1. ↑ Ces ouvrages se trouvent aussi chez Masson, quai des Augustins, n° 19.
2. ↑ Cahier de juillet 1820.
3. ↑ Catalogue de Barba, sur la dernière page des *Trois Vampires*.